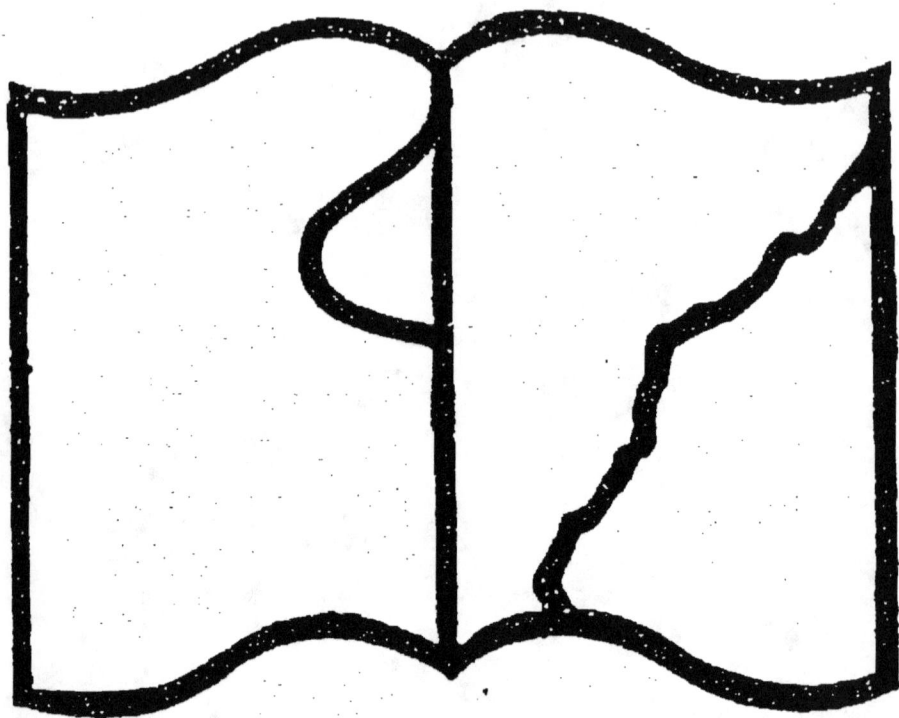

Texte détérioré — reliure défectueuse

NF Z 43-120-11

BIBLIOTHÈQUE
DE PHILOSOPHIE CONTEMPORAINE

LA
FOULE CRIMINELLE

ESSAI DE PSYCHOLOGIE COLLECTIVE

PAR

Scipio SIGHELE

Traduit de l'italien

Par PAUL VIGNY

PARIS

ANCIENNE LIBRAIRIE GERMER BAILLIÈRE ET Cie

FÉLIX ALCAN, ÉDITEUR

108, BOULEVARD SAINT-GERMAIN, 108

1892

LA

FOULE CRIMINELLE

SCIPIO SIGHELE

LA
FOULE CRIMINELLE

ESSAI DE PSYCHOLOGIE COLLECTIVE

TRADUIT DE L'ITALIEN

PAR

PAUL VIGNY

PARIS

ANCIENNE LIBRAIRIE GERMER BAILLIÈRE ET Cie

FÉLIX ALCAN, ÉDITEUR

108, BOULEVARD SAINT-GERMAIN, 108

1892

PIGNEROL, IMPRIMERIE CHIANTORE-MASCARELLI.

AVANT-PROPOS

Quand, il y a quelques mois, l'édition italienne de ce petit livre fut publiée, je n'osais pas espérer qu'elle fût accueillie avec tant de bienveillance par la critique.

Le mérite, ou plutôt la chance de cet accueil, est dû entièrement au sujet, « *très-heureusement choisi* » ainsi que m'écrivait M. Tarde.

L'étude des crimes de la foule est, en effet, très intéressante, surtout pendant cette fin de siècle, durant laquelle, — de la grève des ouvriers aux soulèvements publics, — les violences collectives de la plèbe ne manquent pas. Il semble qu'elle veuille de temps en temps soulager, par un crime, tous les ressentiments que les douleurs et les injustices souffertes ont accumulés en elle.

Ajoutez à cela que le sujet, bien que de grande importance sociale et juridique, était cependant nouveau. La science, pas plus que les tribunaux, n'avait jamais pensé que parfois, au lieu d'un seul individu, le coupable pût être une foule. Lorsqu'on voyait paraître devant la justice quelques individus, qu'on avait pu arrêter au milieu d'un tumulte, les juges croyaient avoir devant eux des hommes qui d'eux-mêmes, volontairement, étaient venus s'asseoir sur ces bancs infâmes ; tandis qu'ils n'étaient que les quelques naufragés jetés là par la tempête psychologique, qui les avait entraînés à leur insu.

Il était donc encore plus nécessaire qu'intéressant d'étudier le problème de la foule criminelle.

J'ai tenté de le faire, bien que très-imparfaitement, comme je le reconnais moi-même. La psychologie collective est une science encore enfant ; la psychologie de la foule, qui en fait partie et qui en représente le degré le plus aigû, est à peine née.

J'ai comblé, dans cette édition, bien des lacunes, et corrigé plusieurs erreurs de la première édition italienne. Je sais cependant que je n'ai fait que jeter les fondements d'une étude longue et difficile. Mais, je serai satisfait de mon ouvrage, s'il fait naître en d'autres l'envie de faire mieux et plus que je n'ai fait moi-même ; heureux surtout, si les conclusions juridiques, auxquelles j'aboutis, seront accueillies dans les Tribunaux et les Cours d'Assises.

Rome, mai 1892.

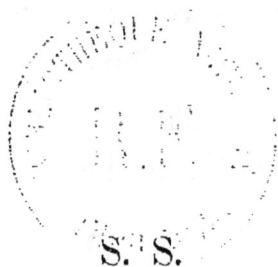

INTRODUCTION

LA SOCIOLOGIE ET LA PSYCHOLOGIE COLLECTIVE

> Nei fatti psicologici, la riunione degli individui non dà mai un risultato eguale alla somma di ciascuno di loro.
>
> ENRICO FERRI.

I.

« Donnez à un maçon — écrit M. Spencer — des briques bien cuites, dures, aux arêtes vives, il pourra construire sans mortier un mur très-solide d'une assez grande hauteur. Au contraire, si les briques sont faites d'une mauvaise argile, si leur cuisson a été irrégulière, si elles sont gauchies, fendues, cassées, il sera impossible de construire sans mortier un mur égal au premier en élévation et en stabilité. Lorsqu'un ouvrier travaille dans un arsenal à empiler des boulets de canon, ces masses sphériques ne se comportent pas comme se comporteraient des briques. Il y a pour les piles de boulets des formes définies: le té-

traèdre, la pyramide à base carrée et le solide à base
rectangulaire terminé par une arête. Chacune de ces
formes permet d'obtenir la symétrie et la stabilité
qui sont incompatibles avec toutes les formes à faces
verticales ou très-inclinées. Si encore, au lieu de boulets sphériques et de même volume, il s'agit d'empiler des galets irréguliers, à demi arrondis et de
grosseur différente, force sera de renoncer aux formes géométriques définies. L'ouvrier ne pourra obtenir qu'un tas instable, dépourvu d'angles et de
surfaces régulières.

En rapprochant ces faits et en cherchant à en déduire une vérité générale, nous voyons que le caractère
de l'agrégat est déterminé par les caractères des unités
qui le composent.

Si nous passons de ces unités visibles et tangibles
à celles que considèrent les physiciens et les chimistes
et qui constituent les masses matérielles, nous cons-
tatons le même principe. Pour chacun de ces soi-disant
éléments, pour chacun de leurs composés, pour chaque combinaison nouvelle de ces composés, il existe
une forme particulière de cristallisation. Bien que ces
cristaux diffèrent de grandeur, bien qu'on puisse les
modifier en tronquant leurs angles et leurs arêtes,
leur type de structure reste constant, comme le cli-
vage en est la preuve. Toutes les espèces de molécules ont des formes cristallines particulières suivant
lesquelles elles s'agrègent. La relation entre la nature
des molécules et leur mode de cristallisation est tellement constante, qu'étant données deux sortes des
molécules voisines l'une de l'autre par leurs réac-

tions chimiques, on peut prévoir avec certitude que leurs systèmes de cristallisation seront très-rapprochés. En somme, on sera en droit d'affirmer sans hésitation, comme un résultat démontré par la physique et la chimie, que dans tous les phénomènes que présente la matière inorganique, la nature des éléments détermine certains caractères dans les agrégats.

Ce principe se vérifie également sur les agrégats qu'on rencontre dans la matière vivante. Dans la substance de chaque espèce de plante ou d'animal, il y a une tendance vers la structure de cette plante ou de cet animal, tendance constatée jusqu'à l'évidence dans tous les cas où les conditions de la persistance de la vie sont suffisamment simples; et où les tissus n'ont pas acquis une structure trop délicate pour se prêter à un arrangement nouveau. Parmi les animaux, l'exemple si souvent cité du polype fait ressortir cette vérité. Quand on le coupe en morceaux, chaque fragment se trouve être un polipe doué de la même organisation et des mêmes facultés que l'animal entier. Parmi les plantes, l'exemple du *begonia* est aussi frappant. Mettez en terre un morceau de feuille, vous verrez se développer une plante complète.

La même vérité se manifeste dans les sociétés plus ou moins définies que forment entre eux les êtres inférieurs. Soit que ces sociétés ne se composent que d'un assemblage confus, soit qu'elles constituent une sorte d'organisation avec division du travail entre leurs membres, — cas qui se présente fréquemment, — les propriétés des éléments sont encore déterminantes. Étant donnée la structure des individus avec les instincts qui en résultent, la communauté formée par ces individus présentera forcément certains traits, et aucune communauté présentant les mêmes traits ne pourra être formée par des individus doués d'une autre structure et d'instincts différents (1) ».

Or, celui qui a secoué le joug des préjugés de la théologie et de la métaphysique, et qui sait qu'il n'existe qu'une seule loi pour l'humanité comme pour l'univers; celui qui connait, même d'une manière très-superficielle, la théorie de l'évolution, n'éprouvera aucune difficulté, à comprendre les agrégats d'hommes dans la formule de Spencer.

Dire que les qualités des parties déterminent les qualités du tout, est, en effet, énoncer une vérité qui s'applique aussi bien à la société qu'au reste. C'est sur cette vérité que Spencer a fondé sa conception de la sociologie, posant comme axiome scientifique: que les caractères principaux de la société humaine correspondent aux caractères principaux de l'homme (2).

Il ratifiait ainsi l'idée d'Auguste Comte, qui, résumant la même pensée, avait dit: « *que la société humaine doit être considérée comme un seul homme qui ait toujours existé* (3) ».

Schopenhauer aussi en était arrivé à la même conclusion, écrivait-il: « Depuis les temps les plus reculés,

(1) H. SPENCER, *Introduction à la science sociale.* — Paris, F. Alcan, vii éd., 1885, chap. iii.

(2) Ouvr. cit., pag. 55.

(3) A. COMTE, *Système de politique positive.* — Paris, 1851, pag. 329 et suiv.

on a toujours considéré l'homme comme un *micro-cosme;* j'ai renversé la proposition, et j'ai prouvé que le monde est un *macanthrope,* en ce sens, que volonté et représentation donnent la définition de la substance du monde aussi complètement que celle de l'homme (1) ».

La conception de Schopenhauer part d'un principe tout autre que celui sur lequel se fondent la conception de Comte et celle de Spencer. En effet, la philosophie de Schopenhauer, bien qu'elle renferme des pages splendides dictées par une méthode positive, est cependant théorique et *a priori;* tandis que celles de Spencer et de Comte sont basées sur l'observation et sur l'expérience. Le point de départ est donc différent, mais le but atteint est le même. Schopenhauer affirme que le monde est un *macanthrope,* et par cette seule parole dérivée du grec, il exprime la même pensée que Comte et Spencer:

Et, tout en laissant de côté pour le moment la question de l'analogie entre l'homme et la société humaine, qui serait telle qu'elle arriverait au point de faire de la société un vrai organisme (2); est-il

---

(1) Schopenhauer, *Il mondo come volontà e come rappresentazione.* — Libro iv. Dumolard, 1888.

(2) Gabba, *Intorno ad alcuni più generali problemi della scienza sociale,* Firenze 1881; Gumplowicz, *Grundis der sociologie,* Wien 1885; De Greef, *Introduction à la sociologie,* Paris 1886, et Letourneau, *L'évolution du mariage et de la famille.* Paris 1888; — pour ne citer que les principaux — ont appelé *pure métaphore* la conformité de l'organisme animal, et de l'organisme social. M. Ferri, dans *Nuovi Orizzonti,* (2ᵉ édit., pig. 115 en note), leur répondit très-bien, ainsi que Sergi dans l'ar-

possible de nier qu'il y a dans toute société, des
phénomènes qui sont le résultat naturel des phénomènes donnés par les membres de la dite société;
que, en d'autres termes, l'agrégat présente une série
de propriétés déterminée par la série des propriétés
de ses parties? Il suffit de se demander ce qui arriverait si l'homme avait une préférence pour celui
qui lui fait du mal, pour comprendre que les rapports sociaux seraient complètement opposés (si cela
était possible) aux rapports sociaux actuels, lesquels
sont établis sur le penchant inhérent à l'homme de
préférer celui qui lui procure plus de plaisir. Il suffit de se demander ce qui arriverait si, au lieu de
chercher les moyens les plus faciles d'atteindre un
but déterminé, les hommes cherchaient les moyens
les plus difficiles d'arriver à ce but, pour comprendre
que la société (en admettant toutefois qu'il en pût

ticle, *La sociologia e l'organismo delle società umane* (inséré
dans le volume *Antropologia e scienze antropologiche*. Messina
1889). — Du reste, que la société soit un vrai organisme, cela a
été prouvé splendidement, non seulement par Comte et par Spencer,
mais aussi par Schaeffle dans son chef-d'œuvre *Baü und Leben
des socialen Korpers* (Tubingen 1875). par Espinas dans l'introduction historique à son volume *Des Sociétés animales* (Paris
1878), et par Cazelles dans l'*Introduzione ai primi principii*. —
M. Spencer insiste, dans toutes ses œuvres, sur l'affirmation que
la société est un organisme. Dans son livre *Social statics* à page
481, il écrit « ainsi que le développement de l'homme et celui
de la vie, le développement de la société peut se définir une
tendance à devenir quelque chose ». C'est donc un autre caractère, celui de l'*individuation*, qui est commun à la société comme
à tout organisme.

exister une en de telles conditions) ne ressemblerait en rien à celle que nous connaissons (1).

Cette analogie de structure et par conséquent de fonctions, qui se montre évidente et incontestable entre l'homme et la société, se retrouve encore, non seulement pour les caractères généraux, mais aussi pour certains caractères particuliers, entre les individus appartenant à une classe déterminée, et cette même classe considérée comme un être collectif.

Nous savons que la société n'est pas un tout homogène et égal en chacune de ses parties, mais plutôt *un roc de limon formé lentement des dépouilles transportées par une série infinie d'êtres* (2) », un organisme qui a, comme le corps animal, des tissus de différente structure et de différente sensibilité. Or, ces tissus, ou couches, ou groupes sociaux, qui se sont formés peu à peu avec le temps, par le passage continuel et progressif du simple au composé, de l'homogène à l'hétérogène, — ce en quoi consiste la loi d'évolution (3), — ces tissus ont, comme les tissus divers des plantes et des animaux, des caractères organiques et psychiques, propres à chacun d'eux, et qui reproduisent les caractères spéciaux des individus qui font partie de tels groupes.

(1) V. Spencer, ouvr. cit., chap. III.

(2) G. Sergi, *Antropologia e scienze antropologiche.* — Messina 1889, à page 128.

(3) V. à ce propos: Spencer, *Les premiers principes,* au chapitre xIv, et Ardigò, *Opere filosofiche,* vol. II, *La formazione naturale nel fatto del sistema solare.*

La plus vulgaire observation nous le prouve largement. Si nous jetons un regard sur l'histoire, nous
y voyons que les anciennes séparations entre vainqueurs et vaincus, entre maîtres et esclaves, entre
nobles et plébéïens, n'étaient pas seulement des di-
visions politiques et économiques, mais qu'elles dé-
signaient vraiment différents mondes. Éducation, langage, coutumes, vêtements, manière d'être, tout avait
un caractère spécial, réglé par de très sévères habitudes, et même par des formules traditionnelles écri-
tes, auxquelles il n'était pas permis de se soustraire (1).

Et qui ne sait pas que l'aristocratie, — du talent,
de l'argent et de la naissance — la magistrature, le
clergé, la milice, le peuple, enfin toutes les classes
sociales, qui représentent de nos jours sous une forme
élective et spontanée les anciennes *castes* déterminées
uniquement par le rapport héréditaire, rendent exactement dans leur esprit et dans leurs manifestations
collectives, non seulement les caractères généraux de
l'homme, mais aussi les caractères particuliers de
l'aristocrate, du magistrat, du prêtre, du soldat? Qui
ne sait que les habitudes, les idées, les sentiments,
les tendances, en un mot, les fonctions propres à chacune de ces classes, sont différentes de celles de toutes les autres? (2).

(1) V. à ce propos, la belle monographie de Fulvio Cazzaniga :
L'ambiente (Cremona 1886), surtout aux chap. ii et xv.

(2) Cette vérité — évidente par elle-même — est affirmée par
tous les écrivains indistinctement. — Voir M. A. Vaccaro, *Genesi
e funzione delle leggi penali*, Roma, frères Bocca, 1889, ch. i.

Donc, l'axiome que — les caractères de l'agrégat sont déterminés par les caractères des unités qui le composent — doit s'appliquer non seulement à l'organisme collectif de la société, mais aussi aux organismes partiels qui la composent.

Et il ne pouvait pas en être autrement, puisque, si dans la société humaine, qui n'est autre qu'un fragment de l'univers, ou, pour mieux dire, une épisode de l'évolution universelle, il se vérifie nécessairement toutes les lois naturelles qui dirigent le monde organique, — à plus forte raison, les lois générales de la société doivent se vérifier dans les organismes partiels qui la composent, ainsi que — selon l'heureuse et juste expression de M. Enrico Ferri — les caractères minéralogiques d'un cristal se reproduisent inévitablement dans ses fragments.

Considérée sous ce point de vue, la sociologie est une reproduction fidèle en ses grandes lignes, mais immensément plus complèxe et plus vaste de la psychologie. — La psychologie étudie l'homme, et la sociologie étudie le corps social; mais nous savons que les caractères de l'un ne peuvent être déterminés que par les caractères de l'autre; c'est pourquoi les fonctions de l'organisme social sont analogues à celles de l'organisme humain.

— Tocqueville disait: « Les classes qui composent la société forment autant de nations différentes ». (*La démocratie en Amérique*, tome i, chap. vi). Consultez aussi Bagehot, *Lois scientifiques du développement des nations*, Paris, F. Alcan, 1885, 5ᵉ édit., et Spencer, *Introduction à la science sociale*, Chapitre x, *Les préjugés de classe*.

L'individualité sociale, — dirait M. Espinas — est parallèle à l'individualité humaine; la Sociologie n'est donc qu'une Psychologie en grand, dans laquelle les lois principales de la psychologie individuelle se reflètent étendues et complétées; elle est, comme a dit splendidement Tarde, « le microscope solaire de la psychologie (1) ».

II.

Mais jusqu'où arrive cette analogie entre les qualités de l'agrégat et celles des unités qui le composent? Ce rapport entre les lois psychologiques qui gouvernent l'individu et celles qui gouvernent un groupe d'individus, est-il toujours constant? Est-il toujours vrai qu'une réunion d'hommes possède des caractères propres, qui résultent des caractères des hommes pris séparément? En un mot, n'y-a-t-il jamais d'exception au principe énoncé plus haut?

Avant de répondre à cette demande, je veux rappeler ici quelques phénomènes psychologiques très-communs; ils nous aideront à trouver la réponse, ou plutôt ils seront eux-mêmes la réponse.

Personne n'ignore les erreurs que les jurés commettent assez fréquemment. Souvent cela vient de leur incapacité individuelle, ou de la difficulté particulière des questions qui leur sont soumises; mais parfois le jugement absurde et hors de propos est

---

(1) G. TARDE, *La philosophie pénale*. — Paris, Lyon, Storck-Masson, 1890, p. 118.

rendu par des personnes intelligentes, et sur des questions qui ne demanderaient qu'un peu de bon sens pour
être résolues.

Il m'est arrivé, par exemple, de voir acquitter trois
jeunes gens, qui s'étaient avoués coupables eux-mêmes d'avoir fait subir les plus viles outrages à une
pauvre jeune fille, et de l'avoir ensuite martyrisée
de la manière la plus ignominieuse, en lui versant
de la chaux vive dans les parties délicates, et lui
produisant de très-graves brûlures. Croyez-vous que,
pris chacun séparément, ces jurés auraient absous de
tels criminels? Je me permets d'en douter.

Garofalo a rapporté un essai fait sur un collège
de six médecins distingués, parmi lesquels étaient des
professeurs illustres, qui, priés de donner un jugement sur un homme accusé de vol, le déclarèrent innocent, malgré les preuves évidentes de culpabilité;
et reconnurent après de s'être trompés (1).

Le jury de la Haute-Vienne acquittait dernièrement trois paysans: le père, Jean Pouzy, sa femme
et son fils, qui venaient répondre de l'assassinat d'un
pauvre garçon, Pierre Grasset, leur ancien domestique, étranglé et assommé — « en famille », — dans
des conditions de férocité inouïe. Les détails du crime
sont affreux. Après avoir étouffé sous son poids la
victime, Jean Pouzy dit en ricanant: — « Je crois
bien qu'il est mort! » — « Peut-être bien que non
— dit la femme », — et pour plus de sûreté elle lui

---

(1) R. GAROFALO, *Un giurì di persone colte,* dans l'*Archivio di
psichiatria, scienze penali e antropologia criminale,* vol. II,
fasc. 3°, p. 374.

défonça le crâne des deux derniers coups de son lourd
bâton. — « Cette fois — reprit le mari — je crois
que ça y est! Le joli lapin que nous avons pris
là! — (1) ».

Qui pouvait croire que la lâcheté de toute cette
famille acharnée sur un homme sans défense, aurait
trouvé grâce devant le jury?

Eh bien, que prouvent tous ces faits, et tant d'autres semblables que chacun a pu observer de soi-
même? (2). Ils prouvent simplement ceci: que douze
hommes de bon sens et intelligents peuvent émaner
un jugement stupide et absurde. Une réunion d'individus peut donc donner un résultat opposé à celui
qu'aurait donné chacun d'eux.

Un phénomène semblable se vérifie, au sein des
nombreuses commissions — artistiques, scientifiques
ou industrielles — qui sont une des plaies plus douloureuses de notre système d'administration. Il arrive souvent que leurs décisions surprennent et aba-
sourdissent le public par leur étrangeté. Comment
se peut-il, se dit-on, que de tels hommes, qui appar-
tenaient à la commission, aient pu arriver à une telle

(1) Voir BATAILLE, *Causes criminelles et mondaines*, de 1890,
Paris, Dentu, p. 283.

(2) On compte par milliers les verdicts absurdes du jury. Voyez-
en quelques uns rapportés par LOMBROSO, *Sull'incremento del delitto in Italia*, Torino, Bocca, 1879, p. 49 et suiv., — CARELLI,
Verdetti di giurati, dans l'*Archivio di psich., scienze penali
ed antrop. crimin.*, vol. VIII, livr. 6e, — OLIVIERI, *Un verdetto
negativo in tema di furto qualificato*, dans les mêmes Archives,
vol. IX, 1° — et par GAROFALO, *Una quindicina alle Assise*, dans
La Scuola positiva, année I, N. 7.

conclusion? Comment se fait-il que dix ou vingt artistes, dix ou vingt hommes de science réunis donnent une sentence qui n'est conforme ni aux principes de l'art, ni à ceux de la science?

Aristide Gabelli, l'écrivain illustre et malheureux
que l'Italie a récemment perdu, a essayé d'analyser
les causes de ce phénomène.

« On dit, écrivait-il, que les commissions, les conseils, en un mot, tous ceux qui exercent ensemble
un pouvoir, sont une garantie contre les abus. Mais
il faut voir avant tout s'ils sont un aide à l'usage.
En effet: on donne le pouvoir afin que l'on s'en
serve. Quand les garanties sont telles qu'elles en em-
pêchent l'usage, il est inutile de les donner. Or, le
nombre est justement une garantie de ce genre, par
l'esprit de parti, par les discordes que font naître l'intérêt, les opinions et les humeurs diverses, et parce
que l'un vient, l'autre ne vient pas, l'un est malade,
l'autre en voyage; et fréquemment tout doit être
remis avec perte inestimable de temps, et souvent
d'opportunité et d'efficacité; parce que, s'il est difficile de trouver du talent en tous, il est encore bien
plus difficile de trouver en tous résolution et fer-
meté; parce que, n'ayant pas de responsabilité personnelle, chacun cherche à s'abstenir; parce que celui
qui a le pouvoir, et ne l'exerce pas, est un obstacle
à celui qui devrait l'exercer; parce que enfin — *les
forces des hommes réunis s'élident et ne se somment pas*. — Cela est si vrai que souvent il sort
une chose fort médiocre d'une assemblée telle que
chacun de ceux qui la composent aurait su mieux
faire à lui seul. « Les hommes, disait Galilei, ne sont

pas comme des chevaux attelés à un char, qu'ils tirent tous ensemble, mais comme des chevaux libres
qui courent, et l'un desquels remporte le prix (1) ».

Cette dernière pensée — que les forces des hommes unis s'élident et ne se somment pas — que Gabelli énonce seulement en quelques mots, et qui est
pour moi la plus profonde et la plus importante, a été
développée largement et avec une précision et une évidence mathématique par Max Nordau, un homme de
science qui aurait mérité, selon moi, plus de renom
qu'il n'en a eu. — « Réunissez vingt ou trente Gœthe,
Kant, Helmholtz, Shakespeare, Newton, etc., écrit-il,

(1) A. Gabelli, *L'instruction en Italie*, Bologne, Zanichelli, 1891.
— i partie, pag. 257, 258.

A une autre page du même volume, Gabelli applique à un cas
spécial les idées générales que j'ai rapportées plus haut, et ses
paroles valent la peine d'être rappelées : « Pour l'élection du recteur, — écrit-il, à propos des Universités, — il arrive quelquefois,
comme en d'autres élections, une chose un peu étrange au premier abord, mais qui n'est pas aussi difficile à expliquer qu'elle
en a l'air. En d'autres élections, il n'est pas rare que les voix
s'accumulent sur la personne dont chacun, à l'acte même de la
rendre supérieure à soi-même en lui donnant sa voix, a cependant la conviction intime de valoir davantage. Il en arrive autant parfois dans le choix du recteur. On choisit celui qui blesse
moins l'amour propre, celui qui fait moins d'ombre, le plus mesquin. Souvent aussi on recherche le plus tolérant, le plus indul-
gent, celui qui pèsera moins, le plus maniable, enfin l'homme
qui a moins d'énergie et de volonté, et saura moins s'imposer.
De là vient que l'élu n'a pas la confiance de ceux qui lui furent
contraires, mais il n'a pas non plus celle de ceux qui lui furent
favorables, chacun desquels sait trop bien pourquoi il lui a donné
sa voix. Il est même arrivé parfois que, après l'élection, ceux
qui étaient favorables à l'élu, penchent moins en sa faveur que
ses adversaires ».

et soumettez à leur jugement et suffrage les questions pratiques du moment. Leurs discours seront peut être tout autre que ceux que pourrait prononcer une assemblée quelconque, (bien que je ne veuille pas répondre même de cela); mais. quant à leurs décisions, je suis certain qu'elles ne différeront en rien de celles d'une assemblée quelconque. Et pourquoi cela? Parceque, chacun des vingt ou trente élus, outre la propre originalité, qui fait de lui un individu excellent, possède aussi le patrimoine de qualités héritées de l'espèce, qui le rendent semblable non-seulement à son voisin dans l'assemblée, mais aussi à tous les individus inconnus qui passent dans la rue. On peut dire que tous les hommes, à l'état normal, ont certaines qualités qui constituent une valeur commune, identique, supposons égale à x — valeur qui est augmentée dans les individus supérieurs d'une autre valeur différente pour chaque individu, et qui pour cela devra être appelée différemment pour chacun d'eux: soit, par exemple, égale à b, c, d, etc. Cela étant admis, il en résulte que, dans une assemblée de vingt hommes, — tous des génies du plus haut rang — on aurait 20 x, et seulement 1 b, 1 c, 1 d, etc., et nécessairement les 20 x vaincraient les b, c, d isolés; c'est-à-dire que l'essence humaine vaincrait la personnalité individuelle, et le bonnet de l'ouvrier couvrirait complètement le chapeau du médecin et du philosophe (1) ».

(1) Max Nordau, *Paradoxes*, chap. III. — Nous reviendrons plus loin sur cette subtile explication de Nordau, qui a, comme on le voit, un *substratum* biologique de grande importance.

Après ces paroles, qui constituent selon moi un axiome intuitif plutôt qu'une démonstration, il est facile de comprendre comment, non seulement le jury et les commissions, mais aussi les assemblées politiques accomplissent parfois des actes qui contrastent d'une manière absolue avec les opinions et les tendances individuelles de la plus grande partie des membres qui les composent. Pour s'en convaincre, il suffit de mettre dans l'exemple donné par Nordau, le nombre cent ou deux-cents à la place de vingt. Le bon sens public, du reste, avait déjà eu l'intuition de l'observation mise au jour par le philosophe allemand. Un ancien dicton était: — *Senatores boni viri, senatus autem mala bestia.* — Et le peuple répète de nos jours cette observation et la confirme, quand il dit à propos de certains groupes sociaux que, pris séparément, les individus qui les composent sont d'honnêtes gens; mais, mis ensemble, ce sont des coquins (1).

Si, partant de ces réunions, en lesquelles il y a au moins un certain choix des individus, nous descendons à d'autres réunions formées par le hasard, comme par exemple : l'auditoire d'une assemblée, les spectateurs dans un théâtre, le peuple dans les rassemblements imprévus qui se forment sur les places et sur les voies publiques, nous verrons que le phénomène qui nous occupe se manifeste de nouveau et plus clairement. Ces réunions d'hommes ne reproduisent certainement pas, — chacun le sait et il est inu-

(1) E. FERRI, *Nouveaux Horizons,* ii éd., pag. 484.

tile de le prouver, — la psychologie des individus qui les composent.

On ne peut donc mettre en doute que très-souvent le résultat total, donné par une réunion d'hommes, est bien différent de celui qui devrait résulter de la simple somme de chacun d'eux, selon la logique. C'est-à-dire qu'il n'y a pas de doute que bien des fois on voit démentir en grande partie le principe de Spencer « que les caractères de l'agrégat sont déterminés par les caractères des unités qui le composent ».

Henri Ferri avait senti cette vérité, quand il écrivait : « La réunion de personnes capables n'est pas toujours une garantie sûre de la capacité totale et définitive ; de la réunion d'individus de bon sens, on peut obtenir une assemblée qui n'a pas le sens commun ; comme dans la chimie de l'union de deux gaz, on peut obtenir un liquide (1) ».

C'est pour cela qu'il avait remarqué, que entre la Psychologie qui étudie l'individu, et la Sociologie qui étudie une société entière, il y a place pour une autre branche de science, qu'on pourrait appeler *Psychologie collective*. Celle-ci devrait s'occuper exclusivement de ces réunions d'individus — comme les jurys, les assemblées, les comices, les théâtres, etc., — qui dans leurs manifestations s'éloignent des lois de la psychologie individuelle ainsi que de celles de la Sociologie (2).

Mais quelle est donc, indépendamment du motif déjà noté par Max Nordau, — la raison pour laquelle

(1) Ouvr. cit., pag. 483.

(2) V. FERRI, ouvr. cit., pag. 351, nota 1.

ces réunions d'hommes donnent des résultats qui démentent l'axiome de Spencer? Les motifs sont nombreux, parce que les causes d'un phénomène sont toujours nombreuses; cependant, en ce cas, on pourrait les résumer à deux causes principales, savoir que ces réunions *ne sont pas homogènes*, et *sont inorganiques*.

Il est évident, et il ne serait même pas nécessaire de le faire remarquer, que l'analogie entre les caractères de l'agrégat et ceux des unités qui le composent, n'est possible que lorsque ces unités sont égales ou, pour parler plus exactement, sont très semblables entre elles. La réunion d'unités différentes l'une de l'autre, non seulement ne pourrait donner un agrégat qui reproduise les divers caractères de ces unités, mais elle ne pourrait même donner un agrégat quelconque. Un homme, un cheval, un poisson et un insecte ne peuvent former entre eux aucun agrégat.

Il se vérifie ici ce qui arrive en arithmétique, où pour pouvoir faire une somme il faut que les parties qui la composent soient toutes de la même espèce. On ne peut additionner des livres avec des chaises, ou des pièces de monnaies avec des animaux. Si même on voulait en faire la somme matériellement, le résultat serait un nombre privé de sens.

Or, si l'analogie entre les caractères des unités et ceux de l'agrégat n'est possible que quand ces unités ont pour le moins un certain degré de ressemblance entre elles (soit, par exemple, des hommes) il est bien facile d'en tirer la conséquence logique, que telle analogie grandira ou diminuera, selon que grandit ou diminue la ressemblance, l'*homogénéité*, entre les unités qui composent l'agrégat.

Une réunion cosmopolite ne peut évidemment refléter dans son ensemble les caractères divers des individus qui la composent, avec la même exactitude qu'une réunion d'individus tous italiens, ou tous allemands, refléterait dans son ensemble les caractères particuliers de ces italiens ou de ces allemands. Qu'on en dise autant d'un jury, dans lequel le hasard aveugle a placé un épicier près d'un homme de science, en comparaison d'une assemblée d'experts. Qu'on en dise autant d'un théâtre, dans lequel il y a des individus de toutes conditions et de tous les degrés de culture. Qu'on en dise autant de toutes les nombreuses et variées réunions d'hommes en comparaison de celles qui seraient composées d'une seule classe, d'un seul rang de personnes. L'hétérogénéité des éléments psychologiques (idées, intérêts, goûts, habitudes) rend impossible, en un cas, le rapport entre les caractères de l'agrégat et ceux des unités, rapport que l'homogénéité des éléments psychologiques rend possible, en l'autre cas.

Mais il ne suffit pas que les unités soient très semblables entre elles, afin de pouvoir établir une analogie entre leurs caractères et ceux de l'agrégat qu'elles composent; il faut encore que ces unités soient unies entre elles par un rapport permanent et organique.

Spencer notait, dans l'exemple rapporté au commencement de cet ouvrage, comme preuve que les qualités d'un tout sont déterminées par les qualités des parties qui le composent, qu'avec des briques dures, bien cuites et vraiment rectangulaires, on peut construire sans mortier un mur d'une assez grande hauteur; tandis qu'il est impossible d'obtenir ce résultat avec des pierres irrégulières.

Mais on comprend aisément que la possibilité de construire le mur, donnée dans le premier cas, ne dépend pas seulement de ce qu'on se sert de briques égales, plutôt que de pierres informes, mais que cela dépend aussi et surtout du fait que ces briques sont posées l'une près de l'autre et l'une sur l'autre, dans un certain ordre; c'est-à-dire qu'elles sont unies solidement entre elles. Il est clair, en effet, que si j'amassais ces mêmes briques sans ordre, pêle-mêle, l'agrégat qui en résulterait différerait bien peu ou presque pas de celui que je pourrais obtenir en amassant des pierres de différentes formes et de grandeur différente.

Transportons cette observation dans le champ sociologique, et nous en tirerons la conclusion que les réunions adventives et inorganiques d'individus — comme celles qu'on a dans un jury, dans un théâtre, dans une foule — ne peuvent pas reproduire dans leurs manifestations les caractères des unités qui les composent, de même que l'assemblage confus et désordonné d'une certaine quantité de briques ne peut reproduire la forme rectangulaire d'une seule de ces briques. Ainsi que, dans ce dernier cas, il faut la *disposition régulière* de toutes les briques, pour construire un mur; de même, dans le premier cas, pour qu'un agrégat donne les qualités des individus qui le composent, il faut que ces individus soient unis entre eux par des rapports *permanents* et *organiques*, comme, par exemple, les membres d'une même famille, ou les individus qui appartiennent à la même classe de la société (1).

Donc, non seulement l'*homogénéité*, mais aussi l'*union organique* est nécessaire entre les unités, afin que l'agrégat qu'elles forment reproduise leurs caractères.

III.

La conclusion simple et logique, qui découle des observations que nous avons faites, peut se résumer brièvement ainsi : Le principe de Spencer — que les caractères de l'agrégat sont déterminés par les caractères des unités qui le composent — est parfaitement exact et peut s'appliquer en toute son étendue, quand il s'agit d'agrégats composés d'unités *homogènes* et *unies organiquement* entre elles. Mais il cesse d'être parfaitement exact, et ne peut s'ap-

(1) BENTHAM, parlant des assemblées politiques et du jury anglais, faisait remarquer la grande différence qu'il y a entre les manifestations des corps politiques qui ont une existence *permanente,* et les manifestations des corps politiques qui ont une existence d'*occasion* et *passagère,* — et il disait que les premiers donnent plus facilement que les seconds des résultats qui répondent aux vrais intérêts et aux vraies tendances de leurs membres. — Voir *Tactique des Assemblées politiques délibérantes,* extraits des manuscrits de J. BENTHAM, par ET. DUMONT, Bruxelles, 1840, chap. II.

pliquer que d'une manière restreinte, quand il s'agit d'unités *peu homogènes* et *peu organiques*.

Enfin, il devient absolument faux et inapplicable, lorsque les agrégats sont formés d'unités *hétérogènes* et *inorganiques*.

Cette évolution, dans l'application du principe de Spencer aux agrégats d'hommes (1), nous indique clairement que là où ces agrégats sont homogènes et organiques, ils sont soumis aux lois de la sociologie, — que nous avons dit être plus étendues mais parallèles à celles de la psychologie individuelle — tandis que, à mesure que les agrégats sont moins homogènes et moins organiques, la possibilité de leur appliquer les lois de la sociologie est toujours moindre, et les lois de la *psychologie collective* les remplacent — lois que nous avons dit être tout-à-fait différentes des lois de la psychologie individuelle.

La psychologie collective a donc un champ différent et suit dans son développement un chemin diamétralement opposé à celui de la sociologie; elle s'étend là où celle-ci se retire, et ses lois régnent là où celles de la sociologie perdent leur empire.

Plus une réunion d'individus est passagère, accidentelle, inorganique, plus elle s'éloigne de l'axiome de Spencer et entre dans la sphère d'observation de la psychologie collective.

(1) Spencer lui-même l'avait reconnu: « Nous rappellerons ici, écrivait-il au III chapitre de l'*Introduction à la science sociale*, que les agrégats sociaux présenteront évidemment d'autant plus de propriétés communes, qu'il y a plus de propriétés communes à tous les êtres humains considérés comme unités sociales ».

Or, si nous ne nous trompons pas, parmi les agrégats d'hommes plus ou moins hétérogènes et inorganiques que nous avons nommés, tels que le jury, les
comices, les théâtres, les rassemblements passagers
de n'importe quel genre, celui qui plus que d'autres
doit se soustraire aux lois de la sociologie, et être
soumis aux lois de la psychologie collective, est,
sans aucun doute, la foule.

La foule est, en effet, un agrégat d'hommes *hétérogène par excellence,* puisqu'il est composé d'individus de tous les âges, des deux sexes, de toutes les
classes et de toutes les conditions sociales, de tous
les degrés de moralité et de culture; et *inorganique
par excellence,* puisqu'il se forme sans accord anté-
cédent, soudainement, à l'imprévu.

L'étude de la psychologie de la foule sera donc l'é-
tude de la *psychologie collective* dans le phénomène
qui, plus que d'autres, en fera connaître les lois, et
mettra au jour leur manière d'agir.

C'est ce que nous nous proposons de faire modes-
tement en cet ouvrage, afin de pouvoir nous rendre
un compte exact de la nature et du danger social
des crimes commis par la foule.

CHAPITRE I

La Psycho-physiologie de la foule.

La question de la responsabilité pénale est relativement simple, quand une seule personne est auteur
du crime. Elle est plus compliquée, quand plusieurs
personnes prennent part à un même crime, car on
doit alors examiner la part qu'a eu chacune d'elles
à l'action criminelle. Mais la question devient d'une
solution très difficile, quand les auteurs du crime ne
sont ni plusieurs ni beaucoup, mais en très-grand
nombre, tel qu'on ne peut le préciser; en un mot,
quand le crime est l'œuvre d'une foule.

La repression juridique, facile dans le premier cas,
plus difficile dans le second, prend dans le dernier
cas l'apparence d'une impossibilité presque absolue,
car on ne sait comment trouver les vrais coupables,
et on ne peut les punir.

Comment agit-on alors?

Soit, en suivant la stupide loi militaire de la dé-
cimation, c'est-à-dire en frappant les quelques individus que les agents de la force publique réussirent,
souvent sans raison, à arrêter au milieu du tumulte

et de la peur. Soit, suivant l'exemple de Tarquin, — jugement plus logique c'est vrai, mais cependant loin d'être parfaitement juste, — et croyant comme lui de vaincre les ennemis en abattant *les têtes des plus hauts pavots*, c'est-à-dire, en notre cas, les instigateurs qui ne manquent jamais dans une foule.

Placés entre ces deux solutions illogiques et insuffisantes, il arrive souvent que les juges populaires remettent tous en liberté, approuvant ainsi les paroles de Tacite que « là où beaucoup sont coupables, on ne châtie personne ». Et c'est là un des cas où l'on arrive à l'impunité par des raisonnements absurdes, ainsi que dirait Pellegrino Rossi.

Mais l'impunité est-elle juste? Et si elle l'est, pour quelles raisons l'est-elle? Si elle ne l'est pas, quel sera donc le moyen de réagir contre les crimes commis par une foule?

Le but de cet ouvrage est de répondre à ces demandes.

I.

L'école pénale classique ne s'est jamais demandée si le crime d'une foule devait être puni de la même manière que le crime d'un individu qui agit seul. C'était tout naturel. Il lui suffisait d'étudier le crime comme *être juridique;* le coupable était au second rang; c'était un *x* qu'on ne voulait pas et qu'on ne savait pas déchiffrer. Il lui importait peu qu'un criminel fût né de parents épileptiques ou ivrognes, plutôt que d'êtres sains; qu'il fût né d'une race ou

d'une autre, sous un climat torride ou sous un climat
froid; qu'il eût eu auparavant une bonne ou une
mauvaise conduite. Il devait donc lui importer fort
peu de connaître dans quelles conditions le crime
avait été commis. Que l'accusé eût agi seul ou au
milieu d'une foule qui l'excitait et l'enivrait par ses
seuls cris, c'était toujours uniquement son libre arbitre qui l'avait poussé au crime. Dans les deux cas,
la cause étant la même, la punition était aussi la
même.

Le principe étant admis, le raisonnement ne pouvait être plus logique; mais n'admettant plus le principe, le raisonnement devait tomber nécessairement
de lui-même. C'est ce qui arriva.

L'école positiviste prouva que le libre arbitre est
une illusion de la conscience, elle dévoila le monde, inconnu jusqu'alors, des facteurs anthropologiques physiques et sociaux du crime, et elle éleva à principe
juridique l'idée qui était déjà sentie inconsciemment
par tous, mais qui ne pouvait trouver place parmi les
formules rigides des juristes; c'est-à-dire l'idée que
le crime commis par une foule doit être jugé différemment que celui qui est commis par un seul individu, et cela parceque, dans l'un et l'autre cas, la
part que prennent le facteur anthropologique et le
facteur social est bien différente.

M. Pugliese a été le premier à exposer dans une
brochure (1) la doctrine de la responsabilité pénale
dans le crime collectif. Il concluait en soutenant la

_____

(1) *Del delitto collettivo.* — Trani 1887.

demi-responsabilité pour tous ceux qui commettent un crime, entraînés par le courant d'une foule: « Quand c'est une foule, un peuple qui se rébelle, écrivait-il, l'individu n'agit pas comme individu, mais il est comme une goutte d'eau d'un torrent qui déborde, et le bras qui lui sert pour frapper n'est qu'un instrument inconscient (1) ».

J'ai complété la pensée de M. Pugliese en essayant de donner, par une comparaison, la raison anthropologique de sa théorie : j'ai comparé dans la suite (2) les crimes commis dans l'impétuosité d'une foule au crime commi par un individu aveuglé par la passion.

M. Pugliese avait appelé *crime collectif* ce phénomène étrange et complexe d'une foule qui commet un crime, entraînée qu'elle est par la parole enchanteresse d'un démagogue, ou exaspérée d'un fait qui est, ou qui lui semble être, une injustice ou une insulte envers elle. J'ai préféré l'appeler simplement *crime de la foule*, parce que, selon moi, il y a deux formes de *crimes collectifs* et il est nécessaire de les bien distinguer: il y a le *crime par tendance connaturelle de la collectivité*, dans lequel entrent le *brigandage*, la *camorra*, la *maffia*; et il y a le *crime par passion de la collectivité*, représenté parfaitement par les crimes commis par une foule.

Celui-là est analogue au crime du criminel-né, celui-ci est le crime d'un criminel d'occasion.

(1) Ouvr. cit.
(2) Voir *La complicità* dans l'*Archivio di psichiatria, scienze penali ed antropologia criminale*, vol. XI, fasc. 3-4.

Le premier est toujours prémédité; le second, jamais. Dans le premier, le facteur anthropologique a le dessus; dans le second, c'est le facteur social qui domine. L'un excite contre ses auteurs une crainte constante et fort grave; l'autre une crainte passagère et légère.

La demi-responsabilité, invoquée par M. Pugliese pour les crimes commis par la foule, était donc juste, si non en elle-même, sûrement comme moyen d'arriver au but qu'il se proposait.

Avec notre Code (1), et dans un cas particulier (tel que celui qui offrit l'occasion à M. Pugliese de formuler sa théorie) (2), on ne peut mieux arriver au but désiré, de faire punir les crimes d'une multitude avec plus d'indulgence que ceux de simples individus, autrement qu'en invoquant la demi-responsabilité.

Mais, scientifiquement parlant, la demi-responsabilité est une absurdité, particulièrement pour nous autres positivistes, qui soutenons que l'homme est toujours entièrement responsable de toutes ses actions (3).

(1) Je parle ici du Code pénal italien, mais mon raisonnement peut s'appliquer aussi au Code pénal français.

(2) Il y a une sentence du Tribunal de Bari, qui accorda, d'après la demande de l'advocat Pugliese, la demi-responsabilité à des accusés de crimes commis dans la fureur de la foule.

(3) Voyez sur ce point FERRI, *Nuovi orizzonti,* II édit. pag. 128 et suiv. Les positivistes français (et particulièrement Tarde) n'admettent pas que « l'homme soit *toujours* responsable de toute action antijuridique qu'il accomplit, et ils soutiennent qu'il y a des cas de irresponsabilité ». — Nous verrons au chapitre III quelle valeur a cette théorie.

La théorie positive doit être basée différemment.

Nous ne devons pas chercher si les auteurs d'un crime commis dans la fureur d'une foule sont responsables ou demi-responsables, — vieilles formules qui expriment de fausses idées; — nous devons rechercher seulement quelle est la manière la plus a-daptée de réagir contre eux.

C'est là le problème que nous devons résoudre.

II.

Il est nécessaire de faire la diagnose d'une maladie avant de pouvoir la bien définir et en proposer les remèdes. Avant donc de discuter ce qu'est le crime d'une foule et d'indiquer les moyens de le réprimer, il faut l'étudier dans ses manifestations.

Nous examinerons donc avant tout quels sont les sentiments qui poussent une foule à agir; puis nous essayerons de donner l'explication de son étrange psychologie.

« Une foule — écrit M. Tarde — est un ramassis d'éléments hétérogènes, inconnus les uns aux autres; pourtant, dès qu'une étincelle de passion, jaillie de l'un d'eux, électrise ce pêle-mêle, il s'y produit une sorte d'organisation subite, de génération spontanée. Cette incohérence devient cohésion, ce bruit devient voix, et ce millier d'hommes pressés ne forme bientôt plus qu'une seule et unique bête, un fauve innommé et monstrueux, qui marche à son but avec une finalité irrésistible.

» La majorité était venue là par pure curiosité, mais la fièvre de quelques-uns a rapidement gagné le cœur de tous, et chez tous, s'élève au délire.

» Tel, qui était accouru précisément pour s'opposer au meurtre d'un innocent, est des premiers saisis par la contagion homicide, et qui plus est, n'a pas l'idée de s'en étonner (1) ».

Ce qu'il y a d'incompréhensible dans la foule, c'est son organisation soudaine. Il n'y a pas en elle la préexistence voulue d'un but commun; il n'est donc pas possible — ainsi que le fait observer un anonyme dans le journal *The Lancet*, — qu'elle ait vraiment une volonté collective déterminée par les facultés élémentaires plus élevées de tous les cerveaux qui en font partie. Et cependant nous voyons une singularité d'action et de but parmi la variété infinie de ses mouvements, et nous entendons une seule note, malgré la dissonance de ses mille voix (2). Le nom même collectif de *foule* indique que les personnalités particulières des individus qui, en font partie, se concentrent et s'identifient en une seule personnalité; il faut donc reconnaître forcément dans la foule, — bien qu'on ne puisse s'en rendre compte — l'action de *quelquechose*, qui sert provvisoirement de pensée commune. « Ce *quelquechose* n'est pas la mise en scène des plus basses forces mentales, et ne

(1) G. TARDE, *La philosophie pénale*, pag. 320, Paris, Lyon, 1890. — FLAUBERT, le profond psychologue, a aussi des pages splendides sur la foule.

(2) « Une foule a la puissance simple et profonde d'un large unisson ». G. TARDE, ouvr. cit., p. 321.

peut prétendre au rang de vraie faculté intellectuelle :
on ne peut donc trouver d'autre nom pour la définir
que : *âme de la foule* (1) ».

Mais d'où vient-elle cette âme de la foule? Surgit-
elle par miracle? Est-elle un phénomène, dont on doit
renoncer à découvrir la cause? Ou est-elle fondée sur
quelque faculté primitive de l'homme? Comment s'ex-
plique-t-on qu'un signe, une voix, un cri — lancé
per un seul individu — entraînent inconsciemment
tout un peuple, souvent même aux plus horribles
excès?

« C'est la faculté de l'imitation — répond M. Bordier — qui, comme la diffusion dans un milieu ga-
zeux, tend à équilibrer la tension des gaz, tend à
équilibrer le milieu social dans toutes ses parties, à
détruire l'originalité, à uniformiser les caractères
d'une époque, d'un pays, d'une ville, d'un petit cercle
d'amis. Chaque homme est individuellement disposé
à l'imitation, mais cette faculté atteint son maximum
chez les hommes assemblés; les salles de spectacle
et les réunions publiques, où le moindre battement
des mains, le moindre sifflet suffisent à soulever la
salle dans un sens ou dans l'autre, en donnent la
preuve (2) ».

Et c'est une vérité incontestable et incontestée que
la tendance qu'a l'homme d'imiter est une des ten-

(1) D'un ouvrage tiré du journal de médecine : *The Lancet*.
Voir: *Contribuzione alla dottrina della responsabilità penale
nel delitto collettivo*, de M. Pugliese, dans la *Rivista di giurisprudenza* de Trani, année 1889.

(2) A. Bordier, *La vie des sociétés*. Paris 1888, p. 76.

dances les plus fortes de sa nature (1). Il suffit de
jeter un regard autour de nous pour voir que le
monde social n'est qu'un tissu de *simililudes;* simili-
litudes qui sont produites par l'imitation sous toutes
ses formes, imitation-mode ou imitation-coutume, imi-
tation-sympathie ou imitation-obéissance, imitation-
instruction ou imitation-éducation, imitation-spon-
tanée ou imitation-réflexe (2).

La société, sous un certain point de vue, pourrait
être comparée à un grand lac tranquille, dans lequel
on jette de temps en temps une pierre; les ondes se
dilatent, se propagent toujours plus du point où la
pierre tomba jusqu'à la rive. Il en est ainsi du génie
dans le monde : il lance une idée au milieu de la
calme croupissante des intelligences médiocres, et cette
idée, peu appréciée d'abord et peu suivie, s'étend dans
la suite comme l'onde du lac.

Les hommes, disait Tarde, sont un troupeau de
brebis, parmi lesquelles on voit naître parfois une
brebis folle, — le génie — qui, par la seule force de
l'exemple, contraint les autres à la suivre (3).

En effet, tout ce qui existe et qui est l'œuvre de
l'homme — depuis les objets matériels jusqu'aux idées
— tout n'est que l'imitation ou la répétition plus ou
moins modifiée d'une idée jadis inventée par une individualité supérieure. Ainsi que toutes les paroles
de notre vocabulaire — qui sont aujourd'hui très

___

(1) Voyez à ce propos G. TARDE, *Les lois de l'imitation*. Paris,
Alcan, 1890.

(2) V. G. TARDE, ouvr. cit., chap. 1ʳ.

(3) G. TARDE, ouvr. cit., pag.

communes — étaient autrefois des néologismes; — de
même tout ce qui est ordinaire aujourd'hui, était
autrefois unique et original.

L'originalité — a dit très-spirituellement Max Nordau (1) — n'est pas autre chose que la *première* de
la vulgarité. Si cette originalité n'a pas en elle-même
les conditions de vie, les imitateurs manquent et elle
périt dans l'oubli, ainsi que retombe dans le néant
une comédie sifflée à sa première mise en scène; si,
au contraire, elle possède un seul germe bon et utile,
les imitateurs augmentent à l'infini, comme les représentations d'un drame vital.

Le fond des idées que nous méprisons aujourd'hui
comme trop communes, parce qu'elles courent sur
toutes les bouches, est donc formé des intuitions —
autrefois miraculeuses et maintenant vieillies — des
philosophes de l'antiquité; et les lieux communs des
discours les plus ordinaires ont commencé leur car-
rière comme étincelles brillantes d'originalité (2).

Il en est ainsi dans l'histoire pour les choses grandes et durables; il en est de même dans la chronique
pour les petites choses de la vie journalière et mo-
deste. Tout le monde, les personnes sérieuses comme
les plus frivoles, les plus âgés comme les plus jeunes,
les plus instruits comme les ignorants, bien qu'à un
degré différent, sont soumis à l'instinct qui leur fait
imiter ce qu'ils voient, ce qu'ils entendent, ce qu'ils
savent. Les courants de l'opinion publique — dans
la politique comme dans les affaires, — sont toujours

(1) MAX NORDAU, *Paradoxes*, pag. 75, édit. ital.
(2) Voir Nordau, et aussi J. STUART MILL, *La libertà*, Torino, 1865,
pag. 97 et suiv.

déterminés par cet instinct. — « Aujourd'hui vous
trouvez les gens de bourse tous entreprenants, en-
thousiastes, pleins de vigueur, prompts à acheter,
prompts à donner des ordres : une semaine plus tard
vous verrez presque toute la troupe abattue, inquiète,
pressée de vendre. Si vous cherchez les raisons de
cette ardeur, de cette mollesse, de ce changement, à
peine pourrez-vous les trouver, et si vous êtes capables de les découvrir, elles n'ont que peu de valeur.
En réalité ce n'est pas la raison, c'est l'instinct d'i-
mitation qui a produit ces courants d'opinion. Il est
arrivé je ne sais quoi qui a semblé assez heureux ;
là-dessus des hommes à l'esprit ardent, confiant, ont
parlé bien haut, et la foule à leur suite a pris le
même ton. Quelques jours après, lorsqu'on commen-
çait à se fatiguer de parler sur ce ton, quelque chose
est encore arrivé qui cette fois paraissait un peu
moins heureux ; aussitôt les gens d'un naturel triste,
inquiet, se sont mis à discourir, et ce qu'ils disaient,
tout le reste l'a répété (1).

Et ce qui arrive dans la politique et dans les affaires, arrive sous toutes les formes de l'activité humaine. De la forme du vêtement à la forme du gouvernement, des actions honnêtes aux crimes, du
suicide à la folie, toutes les manifestations de la vie,
— les moindres comme importance, comme les plus
grandes, les plus douloureuses comme les plus gaies,
— sont un produit de l'imitation (2).

(1) Voyez Bagehot, ouvr. cit., p. 104 et suiv.
(2) Il me semble que si l'on soutient l'universalité de l'instinct
d'imitation, on soutient implicitement l'existence du *Misonéisme*

Il est donc bien naturel que cette faculté — qui
est innée dans l'homme (1) — non seulement aug-

dans la nature humaine. M. Tarde, qui illustra si bien les lois
de l'imitation, croit au contraire qu'elles n'admettent pas le misonéisme; parce que, dit-il, si l'on imite tout et toujours, on doit
imiter non seulement ce qui est vieux, mais aussi ce qui est nouveau. Or, je ne nie point qu'une partie de nos imitations soit déterminée par l'*amour de ce qui est nouveau*, mais je nie que
l'existence de ce *philonéisme* doive exclure celle du *misonéisme*.
La plus grande partie est *misonéiste* pour une innovation importante, et est *philonéiste* pour une innovation de peu ou d'aucune
importance. Les deux phénomènes procèdent séparément et pa-
rallèlement; il n'est donc pas possible de les confondre. Et je
n'aurais besoin d'ajouter autrechose, si je ne tenais à réfuter
une observation — en apparence très-subtile, — que TARDE fit à
Lombroso (*Le délit politique*, dans la *Revue scientifique*, octo-
bre 1890).

« Comme exemple du misonéisme nationale — écrit Tarde —
Lombroso cite le peuple français qui, depuis Strabon, est demeuré
le même, vain, belliqueux, *amoureux des nouveautés*. Ici la contradiction est tellement forte qu'il faut l'attribuer à un *lapsus
calami* ».

Au contraire il n'y a aucune contradiction, si l'on veut bien
réfléchir à la distinction faite plus haut. Une nation peut être
misonéiste et *amoureuses des nouveautés* en même temps;
comme une dame qui aime changer sa toilette selon la mode, et
reste incrédule devant les découvertes de la science, et se montre
offensée si vous lui dites que la religion n'est qu'un amas de préjugés.

(1) — et, il faut ajouter, aussi dans les animaux.

· Dans l'*Evolution mentale chez les animaux* par ROMANES, il
y a un chapitre très intéressant consacré à l'influence de l'imitation sur la formation et le développement des instincts. Cette
influence est bien plus grande et plus répandue qu'on ne le suppose. Non seulement les individus de la même espèce, parents ou
même non parents, s'imitent, — beaucoup d'oiseaux chanteurs ont

mente son efficacité, la redouble, mais la rende cent
fois plus grande au milieu d'une foule, là où toutes
les imaginations sont excitées, et où l'unité de temps
et de lieu hâte d'une manière extraordinaire et presque fulminante l'échange des impressions et des sentiments.

Mais, dire que l'homme *imite* est une explication
insuffisante, en notre cas. Il faut savoir *pourquoi*
l'homme imite; c'est-à-dire il nous faut une explication qui ne s'arrête pas à la cause superficielle, mais
qui découvre la cause première du phénomène.

Beaucoup d'écrivains, ayant observé que l'imitation prend quelquefois des formes aigües, tant pour
l'intensité que pour l'extension qu'elle prend en se
propageant, et voyant en outre qu'elle est moins volontaire qu'inconsciente en certains cas, ont tenté
de l'expliquer, en recourant à l'ipothèse de la contagion morale.

« Il y a dans les phénomènes de l'imitation — disait le docteur Ebrard — quelque chose de mysté-
rieux, une attraction qui ne peut mieux se comparer
qu'à cet instinct irréfléchi et tout-puissant qui nous

besoin que leurs mères ou leurs camarades leur apprennent à
chanter, — mais encore des individus d'espèce différente s'em-
pruntent des particularités utiles ou insignifiantes. Ici se révèle
le besoin profond d'imiter pour imiter, source première de nos
arts. Darwin a cru observer que des abeilles avaient emprunté
à un frélon l'idée ingénieuse de sucer certaines fleurs en les per-
forant par côté. Il y a des oiseaux, des insectes, des bêtes quel-
conques de génie, et le génie, même dans le monde animal, peut
compter sur quelque succès. — Seulement, faute de langage, ces
ébauches sociales avortent ». — Voyez TARDE, ouvr. cit.

incite, à peu près à notre insu, à répéter les actes
dont nous avons été témoins et qui ont agi vivement
sur nos sens et sur notre imagination. Cette action
est si générale et si vraie, que nous en subissons tous
plus ou moins le joug. Il y a une espèce de fascination dont certains esprits faibles ne peuvent se défendre (1) ».

M. Jolly écrivait plus clairement encore: « L'imitation est une véritable contagion qui a son principe
dans l'exemple, comme la variole a son contage dans
le virus qui la transmet; et de même qu'il existe
dans notre organisation des maladies qui n'attendent
pour se développer que la plus légère cause, de même
aussi est-il en nous des passions qui restent muettes
dans l'exercice de la raison, et qui peuvent s'éveiller
par le seul effet de l'imitation (2) ».

Despine, Moreau de Tours et dans la suite beaucoup
d'autres vinrent se joindre à Ebrard et à Jolly (3), et

(1) EBRARD, *Le suicide considéré au point de vue médical,
philosophique, etc.*, chap. VII.

(2) JOLLY, *De l'imitation* dans l'*Union médicale*, t. VIII, p. 369,
année 1869.

(3) Le docteur PROSPER DESPINE dans ses deux ouvrages: *De la
contagion morale*, 1870, et *De l'imitation considérée au point
de vue des différents principes qui la déterminent*, 1871; MO-
REAU DE TOURS dans le volume: *De la contagion du suicide à
propos de l'épidémie actuelle*, — Thèse de Paris, 1875, et dans
la communication: *Un mot sur la contagion du crime et sa
prophylaxie*, dans l'*Union médicale* t. XXII, n. 88. — Avant
eux, LA ROCHEFOUCAULD, *(Maximes)* avait déjà fait allusion au phénomène de la contagion morale; BRIERRE DE BOISMONT au phénomène de la contagion du suicide, dans son livre: *Du suicide et
de la folie suicide*, Paris 1865, II éd., p. 258 et suiv. — CALMEIL

tous concordément affirmèrent que la contagion morale est aussi certaine que celle de certaines maladies
physiques.

« De même — disait Despine — que la résonnance
d'une note musicale fait vibrer la même note dans
toutes les tables d'harmonie qui, étant susceptibles
de donner cette note, se trouvent sous l'influence du
son émis, — de même aussi, la manifestation d'un
sentiment, d'une passion excite le même élément instinctif, le met en activité, le fait vibrer — pour ainsi
dire — chez tout individu susceptible par sa constitution morale d'éprouver plus ou moins vivement ce
même élément instinctif (1) ».

E par cette métaphore — bien trouvée sinon profonde, — et qui éclairait l'hypothèse de la contagion
morale, un grand nombre ont cru pouvoir expliquer
non seulement les cas les plus communs, naturels et
constants de l'imitation, mais aussi et surtout les cas
les plus rares et les plus étranges, ces vraies *épidé-*

et PROSPER LUCAS avaient parlé de la contagion de la folie, le premier, dans son œuvre, encore nouvelle aujourd'hui : *De la folie
considérée sous le point de vue pathologique, philosophique
etc.*, Paris 1845, — et PROSPER LUCAS dans la brochure *De l'imitation contagieuse ou de la propagation sympathique des né-
vroses et des monomanies*, Paris, 1833.

Je rappelle ici, comme curiosité, qu'en 1866 EMILE AUGIER avait
fait représenter une comédie intitulée: *La contagion.* — De nos
jours, l'idée de la contagion morale est devenue une idée commune, et on en a peut-être même abusé. Il suffit de citer ici CARO
dans ses *Mélanges et portraits*, i, pag. 247; et plus encore AUBRY,
dans son livre si beau: *La contagion du meurtre*, Paris, Alcan,
1883.

(1) DESPINE, *De la contagion morale*, p. 13.

mies qui se propagent de temps en temps, à propos
d'un phénomème ou d'un autre.

C'est ainsi que l'on apposait à la contagion morale
les épidémies de suicide, qui suivaient un suicide
célèbre qui avait vivement intéressé et ému l'opinion publique (1); — c'est ainsi que l'on croyait dûs
à la contagion morale tous les crimes qui suivaient
un crime atroce, dont tous les journaux avaient
parlé (2), ainsi croyait-on dûes à la contagion morale

(1) La force de la contagion dans le suicide est plus évidente
peut-être que dans les autres phénomènes. On sait le fait des 15
invalides qui en 1772 se pendirent successivement et en un très
court espace de temps à un crochet qui se trouvait dans un passage très obscur de l'hôtel. On sait aussi comment, après qu'un
lord fatigué de la vie, se jeta dans le cratère du Vésuve, beaucoup d'anglais suivirent son exemple. On pourrait rapporter ici
une quantité de faits semblables Voyez-les dans les œuvres déjà
citées de EBRARD et de BRIERRE DE BOISMONT; et dans celle de MOR-
SELLI, *Le suicide*. Milan, Dumolard, 1879.

(2) Quant à l'épidémie des crimes, je ne crois pas qu'il faille
en donner des exemples. Chacun doit l'avoir souvent remarquée.
Voir, sur cela, outre les auteurs modernes connus, DESPINE, *Psychologie naturelle*, vol. III, p. 368 et suiv. — Il suffira de rappeler
ici les deux épidémies analogues d'homicides commis avec le révolver ou avec le vitriol par des femmes contre leurs amants;
épidémies qui eurent lieu en France, surtout après que Marie
Bière, en 1880, tua de trois coups de révolver son séducteur qui
l'avait abbandonnée; et après que Clotilde Andral, aussi en 1880,
défigura son amant avec du vitriol. Voir la collection des *Causes
criminelles et mondaines* de A. BATAILLE. — Je me rappelle à ce
propos que, selon le prof. BROUARDEL, le point de départ de la série
des crimes *au vitriol*, serait un roman de A. KARR, dans lequel
on lit l'histoire d'un mari trahi qui se venge en défigurant sa
femme avec du vitriol.

ces épidémies politiques et religieuses, qui entraî-
naient tout d'un coup les peuples derrière la parole
enflammée d'un tribun enthousiaste, ou d'un démagogue.

Nous pouvons donc aussi — et à plus forte raison — attribuer à la contagion morale les manifestations imprévues et au premier abord incompréhen-
sibles, de la foule.

Mais cette explication nous satisfait-elle? La *contagion morale* diffère-t-elle de l'*imitation* en autre
chose que dans son expression verbale?

On voit aisément que pour rendre cette explication
suffisante, il faut savoir comment et par quel moyen
cette contagion morale se propage. Autrement nous
en serions toujours au même point.

M. Tarde a compris cette nécessité, et déjà depuis
plus de sept ans, il a soulevé l'hypothèse (1) alors
nouvelle et très-hardie, que la contagion morale a sa
cause dans le phénomène de la suggestion.

« Quelle que soit la fonction cellulaire qui provoque la pensée — écrivait-il, — on ne peut douter
qu'elle se reproduit, qu'elle se multiplie dans l'intérieur du cerveau à chaque instant de notre vie mentale, et que, à chaque perception distincte, correspond
une fonction cellulaire distincte. C'est la continuation
indéfinie, intarissable de ces rayonnements enchevê-
trés, qui constitue tantôt la mémoire seulement, tan-

(1) Dans la *Revue philosophique* de novembre 1884, dans l'article: *Qu'est-ce qu'une société?* — Dans la première édition de
cet ouvrage, j'ai n'ai pas pu citer Tarde, n'ayant pas encore lu
cet article. Je répare aujourd'hui mon oubli involontaire.

tôt l'habitude, suivant que la répétition multipliante
dont il s'agit est restée renfermée dans le système
nerveux, ou que, débordante, elle a gagné le système
musculaire. La mémoire est, si l'on veut, une habitude purement nerveuse; l'habitude, une mémoire musculaire (1) ».

Or (je résume ici la théorie de Tarde), puisque
chaque idée ou image, dont on a le souvenir, a été
déposée primitivement dans notre cerveau par une
conversation ou par une lecture; puisque chaque action habituelle tire son origine de la vue ou de la
connaissance d'une action analogue faite par autrui,
— il est évident que cette mémoire et cette habitude,
avant d'être une imitation involontaire de soi-même
en soi-même, a été une imitation plus ou moins volontaire du monde extérieur.

Donc, considérée sous le point de vue psychologique,
toute la vie intellectuelle n'est qu'une suggestion de
cellule à cellule dans le cerveau; considérée plus à
fond dans sa cause première, et sous le point de vue
social, elle n'est qu'une suggestion de personne à personne.

Cette théorie, qui a reçu l'approbation d'un grand
nombre d'illustres philosophes (2), et qui me semble
admirable dans sa profonde simplicité — n'a pas su

(1) Article déjà cité.
(2) Nous citerons, parmi les autres, TAINE, RIBOT, ESPINAS. M. TAINE
écrivait à M. Tarde que sa théorie était une clef qui *ouvrait presque tous les tiroirs.* — Voir, à propos du livre de TARDE, *Les
lois de l'imitation,* une polémique entre l'auteur et M. JULES FIO-
RETTI dans la *Scuola positiva,* N. 7, 9, 10.

se faire immédiatement beaucoup de disciples pour la divulguer; mais elle a eu l'honneur de voir surgir après quelque temps, çà et là, d'autres théories, qui la reproduisent dans la substance, bien que leurs auteurs ne l'aient certainement pas connue.

Il en est ainsi, par exemple, de la théorie de M. Sergi qui, dans son petit livre intitulé: *Psicosi epidemica,* développe spontanément des idées semblables à celles de Tarde, qui lui étaient inconnues.

Sergi, tout en reproduisant Tarde, a le mérite cependant de ne s'être point arrêté aux généralités et à l'indécision du philosophe français; il expose plus clairement et d'une manière plus précise ce qu'on pourrait appeler la *base physique* de la suggestion; c'est pourquoi je juge utile de rapporter ici ses propres paroles.

« La *Psychée* — dit Sergi — est une manière générale d'activité identique à toute autre activité organique, sans aucune exception. Qui a quelque connaissance de ce genre d'activité sait que chaque tissu organique agit au moyen de stimulants; quand il est aiguillonné par quelque agent extérieur, il agit d'une manière correspondante à la nature et à l'énergie de l'aiguillon.

Le tissu musculaire peut nous en fournir un exemple: en effet, nous voyons que les muscles ne se contractent que quand une excitation extérieure vient réveiller leur aptitude. Il en est ainsi de la *psychée* dans ses organes; elle n'a rien de spontané, rien d'autonome; elle entre en activité quand elle y est excitée, et elle se manifeste extérieurement selon la nature des ces stimulants.

« J'appelle *recettività* l'aptitude à recevoir les impressions du dehors; j'appelle *riflessione* l'aptitude à manifester l'activité excitée, selon les impressions reçues. Les deux conditions peuvent se comprendre en une loi fondamentale, *recettività riflessiva* de la psychée.

» Les aliénistes s'occupent beaucoup, depuis quelque temps, du phénomène de la suggestion dans l'*hypnotisme,* et en général, ils croient que ce fait ne se vérifie que dans l'état hypnotique de leurs sujets. Ils ne se sont pas aperçus que leur *suggestion* est un phénomène plus aigu de la condition fondamentale de la psychée, la *recettività,* selon ce qui arrive à l'état morbide, dans lequel les phénomènes prennent une forme exagérée, et deviennent plus évidents qu'ils ne le sont à l'état normal. La suggestion hypnotique ne manifeste que la disposition de la psychée, ses conditions fondamentales, selon lesquelles elle agit. La suggestion se rapporte à la *recettività* décrite, qui se rapporte à son tour à la loi générale de l'organisme, qui n'entre pas spontanément en activité, mais d'après les stimulants reçus (1) ».

Donc, selon Sergi comme selon Tarde, chaque idée, comme chaque émotion de l'individu, n'est qu'un *reflexe* — pour ainsi dire, — de l'impulsion extérieure qu'il a subie. Personne donc ne bouge, n'agit, ne pense, sinon grâce à une *suggestion* qui peut venir

---

(1) G. Sergi, *Psicosi epidemica,* Milan, Dumolard, 1889, p. 4.

de la vue d'un objet, ou d'une parole, ou d'un son entendus, d'un mouvement quelconque qui a lieu hors de notre organisme. Et cette suggestion peut s'étendre à un seul individu, à plusieurs, à un grand nombre; elle peut se propager au loin comme une vraie épidémie dans le monde, laissant les uns tout-à-fait exempts, d'autres frappés d'une manière bénigne, d'autres enfin frappés avec violence. Dans ce dernier cas, les phénomènes qu'elle fait naître, si étranges et terribles qu'ils soient, ne sont que le dernier degré, l'expression plus aigüe du simple phénomène inaperçu de la suggestion, qui est la cause première de chaque manifestation psychologique, quelle qu'elle soit. L'intensité seule varie, la nature du phénomène reste toujours la même.

Par cette heureuse intuition, MM. Tarde et Sergi font de l'imitation d'un grand nombre un phénomène égal, bien que plus aigu, à celui de l'imitation d'un seul individu; ils rapportent l'imitation épidémique à l'imitation sporadique et ils les expliquent toutes deux avec la suggestion dont ils révèlent les causes et les conditions.

Et nous voyons cette théorie confirmée par toutes les formes, toutes les espèces de l'activité humaine.

Quel est celui qui pourra nier au rapport qui passe entre le maître et le disciple et à l'imitation l'un de l'autre — imitation qui vient de la sympathie et de l'admiration involontaires et instinctives — le caractère d'une vraie suggestion ? Et qui pourra nier que ce rapport, établi d'abord entre deux personnes, est la forme primitive, l'embryon — si je puis dire ainsi

— de cette suggestion qui s'établit plus tard entre
un et un très-grand nombre; entre le chef d'une école
scientifique, ou politique, ou religieuse et ses disciples, ses adeptes, ses corréligionnaires? Qui ne comprend que cette suggestion épidémique est le plus
haut degré de la première suggestion isolée?

Et qui est-ce qui ne voudra pas avouer que cette
suggestion épidémique peut croître en étendue et en
intensité, si elle est favorisée par de particulières
conditions de lieu ou par les caractères particuliers
de celui ou de ceux qui l'excitent et la font agir?

Les sectes politiques et religieuses sont arrivées
parfois au point de se convertir en vraies folies épidémiques : — des Derviches arabes et indiens aux dé-
monomaniaques du moyen âge, dont on a retrouvé
les derniers réjetons dernièrement en Italie (1); — des
Criards, des Perfectionnistes, des Secoueurs de l'Amérique du Nord (2), aux Stundistes, aux Cholaputes et
aux Scopzi de la Russie (3), — des foules guidées par

(1) Je fais ici allusion à l'épidémie convulsive dont furent
frappées en 1878 les femmes de la commune de Verzenis dans le
Friuli, excitées par les sermons d'un énergumène et par les pratiques de religion. Voir à ce propos: FRANZOLINI, *La epidemia di
demonopatia in Verzenis*, dans la *Rivista sperimentale di freniatria e di medicina legale*, Reggio 1878. — On pourrait citer
une infinité d'épidémies semblables, comme celle de Lazzaretti, etc.

(2) V. C. LOMBROSO et R. LASCHI, *Delitto politico*. Torino, Bocca,
189?, pag. 130.

(3) Ce sont des sectes d'individus plus ou moins exaltés et malades, qui accompagnent le mouvement nihiliste en Russie. Les
Stundistes veulent que tout soit en commun ; les *Cholaputes*
sont les adorateurs extatiques des esprits saints: les *Scopzi* se
font évirer. V. TSAKNI, *La Russie sectaire*.

Judas le Gaulonite et par Teuda qui précédèrent la révolution de Christ (1), — à celles qui poussées par un étrange et maladif féticisme pour Klopstock, précédèrent la renaissance en Allemagne (2), nous avons une variété infinie d'épidémies morales, de *psychoses épidémiques,* qui, au premier abord, nous surprennent par les atrocités et les infamies qu'elles commirent, mais qui, bien examinées, ne sont au fond que l'exagération pathologique du phénomène de la suggestion, qui est la loi la plus universelle du monde social.

Et, comme en parlant de la vie normale, on peut remonter de la suggestion d'un seul individu sur un autre, d'un maître sur un disciple, d'un fort sur un faible, à la suggestion d'un seul sur un grand nombre, d'un génie de la pensée ou du sentiment sur tous ses contemporains, d'un chef de secte sur ses affiliés; ainsi, en parlant de la pathologie, on peut remonter de la suggestion d'un seul fou sur un autre fou, à la suggestion d'un fou sur tous ceux qui l'entourent.

Ceci est une preuve, non seulement que la pathologie suit les mêmes lois que la physiologie, mais aussi que le phénomène de la suggestion est universel.

---

(1) V. Renan, *Les apôtres.* Milan 1866.

(2) V. Lombroso et Laschi, œuvre citée, pag. cit. — Il est intéressant de remarquer ici que ce temps de folie qui préluda à la renaissance en Allemagne prit le nom de *Sturmisch,* ou *période de la Tempête.* La langue allemande confirme même en cela sa réputation de langue philosophique.

Legrand du Saulle a merveilleusement bien décrit le *délire à deux* (1); cette forme étrange de folie, qui vient de l'ascendant qu'un fou a sur un individu — prédisposé naturellement à la contagion — et qui peu à peu perd la raison et prend le même genre de folie que son instigateur.

Il s'établit alors un lien de dépendance entre les deux êtres; l'un domine l'autre; celui-ci n'est que l'écho du premier; il fait ce que fait l'autre; et la force imitative est telle qu'elle arrive parfois à faire partager à l'un les mêmes allucinations de l'autre (2).

(1) LEGRAND DU SAULLE, *Le délire des persécutions*, Paris, Délahaye, 1873, chap. II.

(2) Euphrasie Mercier, une folle assassine, avait ce pouvoir sur son amie Elodie Ménétret, qui plus tard fut sa victime. — Voir le procès intenté contre elle, dans les *Causes criminelles* de BATAILLE, année 1886, à pag. 54.

TEBALDI donne un exemple typique de *délire à deux*. « Voici une *forme à deux*, écrit-il, de laquelle l'imitation, — nous dirions la suggestion, — est l'insidieuse cause: Il y avait dans un petit village de la province de Venise, un couple de deux êtres, nés sous la même mauvaise étoile, qui partageaient les mêmes besoins, et luttaient contre la même misère. Le mari et la femme furent frappés de la même maladie, et la préoccupation de leurs malheurs les poussa à en attribuer la cause aux injustices du Municipe, qui aurait mal distribué, selon eux, les secours dûs aux pauvres. Ils s'exaltèrent l'un l'autre, et se décidèrent à aller sur la place y lancer des imprécations, et menacer les Autorités. La même voiture les conduisit à l'hôpital; ils se quittèrent avec l'enthousiasme de qui devrait se revoir dans un Eden, et sous la même forme délirante ils entrèrent dans leurs salles respectives ». V. *Ragione e follia*. Milan, 1884, p. 143.

Partant de cette *folie à deux* (qui représente dans la pathologie, la suggestion de maître à disciple, d'amant à amant, qui a lieu dans le champ normal), on remonte à la folie à trois, à quatre, à cinq (1), qui a lieu de la même manière que la folie à deux. C'est toujours un fou qui influe sur ses parents, sur ceux qui vivent habituellement avec lui, et qui, par son exemple, communique à ces individus ses idées malades ainsi que le trouble des sens; fait que la conscience s'obscurcit peu-à-peu et laisse le champ libre à la folie, qui se reproduit exactement sous la même forme que la sienne, ou d'une manière plus légère, plus pâle (2).

(1) Rosciou rapporte un cas de folie à quatre (dans le *Manicomio*, 18*8, N. 1): Mari et femme, honnêtes et laborieux pay·sans, ont trois filles. La cadette, jeune fille de dix-huit ans, est frappée à l'imprévu dans l'église d'un fort accès de folie, et est ramenée ainsi chez elle. A cette vue, le père est si profondément ému, qu'après huit jours à peine il est en proie à un état anxieux de panophobie. Peu après, la mère a le même sort; et enfin quinze jours après, la fille aînée est frappée d'exaltation mentale.

Beaucoup d'autres cas semblables se peuvent lire dans les ouvrages de Jorger, Tuque, Martinenq et Verner, cités par Seppilli (*La pazzia indotta*, dans la *Rivista sperimentale di freniatria*, 1890, fasc. 1, 2), et que je n'ai pu consulter.

(2) Sur ces formes de folie — surtout sur la folie à deux — après la communication faite par Lasègue et Falret à l'Académie de médecine (*De la folie à deux*, dans les *Ann. méd. psych.*, 1877) les ouvrages ne manquèrent pas, non plus que les discussions sur le nom clinique qu'on doit lui donner. Les uns voulaient l'appeler *folie communiquée*, d'autres *folie imposée*, d'autres *folie simultanée*. (V. Régis, *La folie à deux ou folie simultanée*,

Et, outre ces vrais cas de folie multiple et simultanée produits par la suggestion, tous les aliénistes
d'accord attribuent au fou une force de suggestion
— moins intense mais plus générale — sur tous ceux
qui l'entourent. — « En vivant habituellement avec
des personnes qui pensent faux, qui raisonnent mal,
qui agissent de même, notre cerveau recevant sans
cesse le contre-coup déréglé du leur, tend à se laisser
aller à ce même mouvement, qui, par son influence
sur nos facultés intellectuelles, nous entraîne à agir
comme elles (1) ».

« La vue même du malade — écrit Seppilli — les
idées qu'il manifeste, suscitent dans le cerveau de ceux
qui l'entourent les mêmes images psychologiques, sen-
sorielles et motrices, qui peuvent transformer plus
ou moins les individus, selon leur intensité et leur
durée (2) ».

Avant eux, Maudsley avait écrit à propos de la vie en
commun avec les fous: « Nul ne peut contracter l'habitude d'être inconséquent dans ses pensées, dans le
sentiment, dans l'action, sans que la sincérité et l'in-
tégrité de sa nature n'en reçoive atteinte, et sans

Paris, Baillière, 1880), et ils lui attribuaient aussi des causes différentes. VENTURI souleva le premier l'hypothèse de la suggestion
(adopté par SERGI dans la suite) dans son ouvrage: *L'allucina-
zione a due e la pazzia a due* dans le *Manicomio*, 1886, N. 1.
Voir à ce propos l'ouvrage cité de SEPPILLI.

(1) J. RAMBOSSON, *Phénomènes nerveux, intellectuels et moraux, leur transmission par contagion*. — Paris, Firmin Didot,
1883, p. 230.

(2) Ouvr. cit. plus haut.

que la lucidité et la force de son intelligence n'en soient diminuées (1) ».

Enfin, outre la contagion générale, mais lente, sans qu'on y prenne garde, peu intense, il y a la contagion immédiate, fulminante, parmi les fous, particulièrement parmi les épileptiques. C'est un phénomène différent de ceux qui j'ai rapportés jusqu'ici, mais l'origine et la cause sont les mêmes : la suggestion.

Van Swieten observe que les mouvements convulsifs, que certains enfants manifestent, sont reproduits par tous ceux qui ont le malheur d'en être témoins (2); et personne n'ignore le fait de l'hôpital de Harlem où une jeune fille frappée d'épilepsie, suggestiona instantanément le même mal en toutes les autres malades.

Ce développement parallèle du phénomène de la suggestion — d'un à l'autre, d'un à plusieurs, à un grand nombre — que nous avons vu dans la *folie*, se vérifie aussi dans le *suicide* et dans le *crime*.

Quant au suicide, il y a le *couple suicide*, — deux amants dont l'un persuade, suggestionne l'autre à mourir avec lui; — forme qui est dévenue très fréquente de nos jours (3). Il y a le *suicide à trois*, à

(1) *Le crime et la folie*, p. 214. La même observation avait été faite par rapport à la folie, par LEURET, *Du traitement de la folie;* FLOURENS, *Psychologie comparée*, et VIGNA, *Il contagio della pazzia*, Venezia 1881.

(2) V. *Dictionnaire des sciences médicales*, cité par RAMBOSSON, ouvr. cit.

(3) V. CHPOLIANSKI, *Des analogies entre la folie à deux et le suicide à deux*, Paris 1885 ; GARNIER, *Le suicide à deux*, dans les *Annales d'hyg. publ.*, mars 1891 ; — et ma brochure : *L'evoluzione dal suicidio all'omicidio nei drammi d'amore*, dans l'*Arch. de psych. sciences pén. et anthrop. crimin.*, vol. XII, fasc. V et VI.

quatre, à cinq, — familles entières qui, presque toujours, à cause de la misère à laquelle elles sont réduites, se décident à en finir avec la vie. C'est ordinairement le père qui a l'idée du suicide; il la communique et la fait accepter à sa femme et à ses enfants. Je puis citer ici deux exemples typiques de cette suggestion de suicide multiple: l'un, celui de la famille Hayem (père, mère et quatre enfants) qui se sont suicidés avec du charbon l'hiver 1890 à Paris; et la famille Paul (père, mère et trois enfants) qui se sont suicidés en 1885 en Bretagne, se jetant à la mer (1). — Il y a enfin le *suicide épidémique,* duquel on pourrait citer bien des exemples; selon Ebrard, à Lyon, les femmes dégoûtées de la vie, se jetaient dans le Rhône, deux ou trois à la fois. A Marseille, les jeunes filles s'unissaient pour se suicider par amour (2).

Quant au crime, on peut répéter exactement ce que j'ai dit pour le suicide: il y a le *couple criminel,* — le délinquant-né qui suggestionne et corrompt le délinquant d'occasion, en le rendant son esclave (*incube et succube*) (3); — il y a *l'association criminelle,* où le chef entraîne au crime les jeunes délinquants d'occasion, par la seule force de sa volonté, et par l'empire morale qu'il exerce sur eux; — c'est le cas de Lacenaire avec Avril et tous les autres de

(1) Pour ce dernier fait, consultez BATAILLE, *Causes criminelles et mondaines de 1885,* p. 22 — et ANFOSSO, *Di alcuni fattori del suicidio,* où il parle du suicide à trois des sœurs Romazo, *Arch. di psichiatria.* vol. x, fasc. II, page 176.

(2) EBRARD, œuvre déjà citée.

(3) Voir mon ouvrage: *La coppia criminale,* Torino, Bocca, 1892.

sa bande (1). Il y a enfin l'*épidémie criminelle* qui
se développe surtout parmi les bandes nombreuses
des criminels, et dans les crimes contre la pudeur (2).
Quand une pauvre jeune fille est la victime de plusieurs malfaiteurs, ces coquins ne se contentent pas de
la violer; il suffit qu' l'un d'entre eux ait l'idée de
quelqu horrible outrage, pour que tous ses compagnons l'imitent aussitôt, en proie à un vrai délire.
C'est ce qui arriva à une pauvre femme qui, après
avoir été séquestrée et violée par une bande de quinze
criminels, dut encore supporter les plaisanteries les
plus obscènes. On lui introduisit dans les parties
génitales des allumettes enflammées, et on lui enfonça
des épingles dans tout le corps. Un seul de ces ban-
dits avait donné l'exemple; les autres l'avaient de
suite imité à l'envi, chantant et dansant autour du
corps de la malheureuse (3).

Et, sans chercher d'autres exemples, je crois pouvoir conclure que le tableau que nous avons fait des
formes suggestives de la folie, du suicide et du crime,
correspond exactement au tableau des formes de suggestion à l'état normal. Dans t us ces états de dégénération, comme à l'état normal, la suggestion com-

(1) V. H. JOLY, *Le crime*, au chapitre: *L'association criminelle*.

(2) V. AUBRY, œuvr. citée, III partie, chap. II.

(3) HENRY FOUQUIER, *Les mœurs brutales*, dans le *Figaro*, du
4 juillet 1886.

Nous nous occuperons ailleurs d'une manière plus étendue
des différentes formes de l'association criminelle, dûes à la suggestion.

mence par un simple cas qu'on pourrait appeler d'i-
mitation, et peu-à-peu elle se développe et s'étend,
et elle arrive aux formes collectives et épidémiques,
aux formes de vrai délire, dans lesquelles les actes
sont involontaires, accomplis — je dirais presque, —
par une force irresistible.

Or donc, n'est-il pas évident que cette suggestion, —
que nous avons voulu décrire, peut-être trop au long,
afin d'en montrer l'universalité, — doit être aussi la
cause des manifestations de la foule ? N'est-il pas évident que même au milieu d'une multitude, le cri d'un
seul individu, la parole d'un orateur, l'acte de quelque audacieux, exerce une suggestion sur tous ceux
qui entendent ce cri ou cette parole, ou qui voient
cette acte; et les conduit — comme un troupeau docile — même à de mauvaises actions ? N'est-il pas
évident que c'est dans la foule que la suggestion aura
son effet le plus puissant, et passera instantanément
de la *forme à deux* à la *forme épidémique*, puisque, dans la foule, l'unité de temps et de lieu et le
rapport immédiat entre les individus portent aux dernières limites du possible la vélocité de la contagion
des émotions ?

J'espère que personne ne répondra d'une manière
négative à cette demande; cependant, afin de mieux
faire comprendre comment la suggestion agit dans
la foule, c'est-à-dire de quelle manière une émotion
quelconque de peur ou de colère, manifestée par un
seul individu, se propage dans une multitude, je veux
rapporter ici quelques pages splendides d'Alfred Espinas.

Nous trouverons en elles — d'une manière claire et précise — l'explication physiologique de la psychologie de la foule.

L'illustre naturaliste français, parlant des sociétés domestiques maternelles, et en particulier de la société des guêpes, raconte que, près de ces animaux la division du travail se fait d'une manière parfaite, et qu'il y a même des guêpes exclusivement chargées de veiller à la sûreté commune. Le nid est, en effet, gardé par des sentinelles qui veillent aux abords, rentrent lors du danger, et avertissent les autres guêpes, qui sortent en colère, et piquent leurs agresseurs. — « Mais — écrit M. Espinas — comment les sentinelles peuvent-elles avertir leurs compagnes de la présence d'un ennemi? Disposent-elles donc d'un langage assez précis pour communiquer des renseignements? On ne voit pas les guêpes se servir de leur antennes pour se communiquer leurs impressions d'une manière aussi délicate que les fourmis; mais, dans le cas donné, tout langage précis leur est, comme on va le voir, inutile. Il suffit, pour l'explication du fait, que nous concevions comment une émotion d'alarme et de colère se communique d'un individu à l'autre. Chaque individu, remué soudain par cette impression rapide, s'élancera au dehors et suivra l'élan général; il se précipitera même sur la première personne venue, de préférence sur celle qui fuit. Tous les animaux sont entraînés par l'aspect du mouvement. Il ne reste donc plus qu'à dire comment les émotions se communiquent à toute la masse. *Par le seul spectacle*, répondons-nous, *d'un individu irrité.*

*C'est une loi universelle dans tout le domaine de
la vie intelligente, que la représentation d'un état
émotionnel provoque la naissance de ce même état
chez celui qui en est témoin* (1). Au dessous des régions où commence l'intelligence, il faut que les circonstances extérieures agissent isolément sur chaque
individu d'une manière simultanée pour qu'il y ait
accord dans les impressions ressenties; mais, dès que
la représentation est possible, il suffit qu'un seul soit
ébranlé par les circonstances extérieures pour que
tous le soient également presque aussitôt. En effet,
*l'individu alarmé manifeste extérieurement son état
de conscience d'une manière énergique; la guêpe,
par exemple, bourdonne d'une manière significative, correspondant chez elle à un état de colère et
d'inquiétude; les autres guêpes l'entendent et se représentent ce bruit; mais elles ne peuvent se le représenter sans que les fibres nerveuses qui, chez
elles, le produisent d'ordinaire, ne soient plus ou
moins excitées.* C'est un fait psychologique facile à

(1) Cette loi, que ESPINAS, ainsi que les plus illustres psychologues modernes, ont contribué à mettre au grand jour, avait déjà
été formulée par CABANIS depuis le commencement de ce siècle :
— « par la seule puissance de leurs signes, écrivait-il, les impressions peuvent se communiquer d'un être sensible à d'autres
êtres qui, pour les partager, semblent alors s'identifier avec lui ».
— Voir CABANIS, *Œuvres complètes*, Paris, 1824, Firmin Didot,
tome III, Préface, p. 14. — Au reste, l'intuition de cette loi remonte bien plus haut encore. HORACE dans l'*Art poétique*, dit :
— Ainsi que le rire fait naitre le rire, de même les larmes font
pleurer; ce sont nos visages qui se comprennent: si tu veux que
je pleure, pleure toi-même. —

observer chez les animaux supérieurs que toute représentation d'un acte entraîne un commencement
d'exécution de cet acte; la chèvre à qui on présente
un morceau de sucre, le chien à qui on présente un
morceau de viande, se lèchent les lèvres et salivent
aussi abondamment que s'ils l'avaient dans la bouche.
L'enfant et le sauvage miment la scène qu'ils racon-
tent. Et M. Chevreul a montré qu'en l'état de repos
parfait il suffit qu'un homme adulte, un savant, d'esprit rassis, ait l'idée d'un mouvement possible de son
bras pour que ce mouvement commence à s'effectuer,
même à son insu. *Nous ne pensons pas seulement
avec notre cerveau, mais avec tout notre système
nerveux, et l'image, envahissant d'emblée, avec le
sens qui perçoit, les organes qui correspondent d'ordinaire à la perception, y provoque inévitablement
des mouvements appropriés qu'un contre-ordre
énergique peut seul parvenir à suspendre* (1). Plus
la concentration de la pensée est faible, plus les mouvements, nés de cette sorte, suivent impétueusement
leur cours. Nos guêpes, voyant l'une des leurs entrer
dans le nid, puis en sortir d'un vol rapide, seront
donc elles-mêmes tirées au dehors, et au bruit produit par elle, leur bourdonnement répondra à l'unisson. De là une effervescence générale de tous les membres de la société (2) ». —

(1) Spencer écrivait aussi (*Premiers principes,* chap. viii): —
Il y a une corrélation et une équivalence entre les sensations
et les forces physiques qui, sous la forme d'actions du corps, en
sont les résultats.

(2) A. Espinas, *Des sociétés animales.* 2ᵉ édition, Paris, Germer-
Baillière, 1878, page 358 et suiv.

Cette description magistrale d'Alfred Espinas nous explique suffisamment — je crois — la psychologie de la foule.

Comme parmi les guêpes, comme parmi les oiseaux, dont une entière volée, — au moindre battement d'aile — est prise d'un panique invincible, ainsi parmi les hommes une émotion se répand *suggestivement,* au moyen de la vue et de l'ouïe, avant même que les motifs en soient connus; et l'impulsion vient de la représentation même du fait imité, de même que nous ne pouvons jeter un regard au fond d'un précipice sans avoir le vertige qui nous y attire (1).

---

(1) Rambosson dans son œuvre, *Phénomènes nerveux intellectuels et moraux, leur transmission par contagion,* a appliqué aux phénomènes nerveux et intellectuels, qui se transmettent par contagion, la loi de la transmission et de la transformation du mouvement expressif. Il admet (je résume ici sa théorie), que à chaque état psychologique correspond un mouvement cérébral qui se manifeste extérieurement par des modifications de la physionomie, du maintien, des gestes, coordonnés d'une manière particulière. Ce mouvement ne s'arrête pas, mais il se répand dans l'espace, et se communique à un autre cerveau, sans se modifier, et répétant le même phénomène. Le rire, le baillement, la douleur, se transmettent en suivant cette loi. La propagation du mouvement cérébral à distance est la cause de la diffusion de tous les phénomènes, des plus simples aux plus composés de chaque sphère de l'activité nerveuse.

Ainsi qu'on peut le voir, cette théorie est la même, au fond, que celle d'Espinas, qui l'a développée plus clairement en peu de pages, que ne l'a fait Rambosson en un volume.

III.

Mais, dira-t-on, tout ce que vous nous avez dit jusqu'à présent suffit à donner l'explication de certains mouvements, de certains actes d'une foule, mais non pas de tous. Cela nous explique pourquoi, si l'un l'applaudit, tous applaudissent; si l'un fuit, tous fuient; pourquoi une émotion de colère, ressentie par un seul individu, se reflète immédiatement sur tous les visages. Mais cela ne nous explique pas pourquoi cette colère entraîne à l'action mauvaise, à l'homicide; cela ne suffit pas à expliquer comment une foule arrive à l'extrémité de l'assassinat et du massacre, aux atrocités sans nom, dont nous avons, peut-être, le plus terrible exemple dans la révolution française. En de pareils cas, votre théorie, — qu'une émotion se transmet par suggestion à toute une foule par la vue seule de cette émotion dans un individu, et que l'impulsion résulte de la seule représentation de l'acte imité, — est insuffisante. Vous ne pouvez pas prétendre que l'on tue uniquement parce qu'on voit quelqu'un qui tue ou qui fait mine de tuer; il faut autre chose que cela pour faire d'un homme un assassin.

Cette objection (qui renferme un fond de vérité, et nous le prouverons) s'était déjà offerte spontanément à l'esprit des auteurs, qui avaient tenté d'analyser les causes des crimes commis par une foule. Ils avaient senti, confusément, qu'un acte de cruauté et de férocité ne peut être seulement produit par des circonstances extérieures, mais qu'il doit avoir sa cause dans la constitution particulière de l'organisme de celui qui le commet.

« Que se passe-t-il dans le cœur des hommes quand ils sont ainsi collectivement entraînés vers le meurtre, vers l'effusion du sang? D'où naît ce pouvoir imitatif qui les subjugue et qui les porte à se détruire ainsi les uns les autres? *Le point culminant de la recherche s'arrête à une disposition homicide primordiale, à une sorte de fureur instinctive, funestes attribus de l'humanité, qui trouve un puissant auxiliaire dans le penchant imitatif.* Des circonstances extérieures de toutes sortes, agissant sur ces puissances virtuelles, les mettent en branle et les font éclater dans le monde.

» Ici, c'est la vue du sang qui fait naître l'idée d'en répandre; là, c'est le prosélytisme, l'esprit de corps, l'esprit de parti, qui appellent à leur service les passions malfaisantes de tout genre, et qui arment la main de l'homme pour répandre le sang; ailleurs, c'est une imagination continuellement agacée par les sollicitations d'un tempérament irritable, qui se trouble au récit de quelque évènement sinistre, qui prend feu et flamme quand la publicité s'efforce de l'assiéger, et qui transforme en un instant l'homme le plus timide en une véritable bête féroce (1) ».

Et même avant Barbaste, Lauvergne avait eu recours à cette disposition homicide primordiale pour

_____

(1) BARBASTE, *De l'homicide et de l'anthropophagie.* Paris 1856, p. 97.

expliquer les crimes de la foule. — « L'organe de
l'imitation — écrivait-il — est un de ceux qui se
présentent en première ligne avec ceux de la com-
bativité et de la cruauté. En temps d'anarchie et de
révolution, tous les crimes qui se commettent sont
l'œuvre de ces trois points du cerveau qui commandent en maître à la raison et à l'intelligence qu'ils
se sont subordonnées. Alors l'homme qui est né cruel,
retrousse ses manches et se fait pourvoyeur de la
guillotine. Il aura pour imitateurs la foule de ceux
qui voulaient un modèle, un bout-en-train de ce qu'ils
se sentaient capables d'exécuter. Les victimes seront
les hommes faibles et moutons, ceux que les bons
modèles, les exemples de sagesse et de raison, ont
rendus humains et pieux, chez lesquels les organes
de la cruauté et de l'imitation, s'ils ont existé en
eux forts et prépondérants, ont cédé au *labor im-
probus* de l'intelligence et du sentiment (1) ».

(1) LAUVERGNE, *Les forçats, considérés sous le rapport physio-
logique, moral et intellectuel,* Paris, Baillière, 1841, à pag. 206.
V. aussi ATTOMIR, *Theorie der Verbrechen auf Grundsätze der
Phrenologie basirt,* Leipzig, 1842.

SCHOPENHAUER dit que c'est dans les soulèvements du peuple
qu'on voit se révéler l'égoïsme et la cruauté qui sont les qualités fondamentales de l'homme. — « Quand une foule déchaînée
a rompu tout lien de loi, ou d'ordre, il se manifeste en plein jour
ce *bellum omnium contra omnes,* dont Hobbes a fait le tableau
admirable dans le premier chapitre, *De Cive.* On voit alors chacun, non seulement ravir aux autres ce qu'il envie, mais aussi
anéantir le bonheur et l'existence de ses semblables, dans le seul
but de se procurer un supplément fort mesquin de bien-être ».

Il est certain que ce que disent Barbaste et Lauvergue est vrai, profondément vrai. Précurseurs lointains de la nouvelle science de l'anthropologie criminelle, ils rapportent à la constitution physiologique et psychologique de l'individu une partie des causes des phénomènes humains, plutôt que de les rapporter toutes, sans distinction, à la société, ainsi que le voudraient encore quelques uns.

Mais, avant d'avoir recours au facteur anthropologique, je crois bon de tenir compte de quelques autres considérations qui expliquent, si non à elles seules, au moins principalement, de quelle manière une foule peut être entrainée à des actes de férocité et de cruauté.

On doit remarquer avant tout que la foule est en général plus disposée au mal qu'au bien.

L'héroïsme, la vertu, la bonté peuvent être les qualités d'un seul individu; mais elles ne sont jamais, ou presque jamais, les qualités d'une grande réunion d'individus. L'observation la plus vulgaire nous l'enseigne: on craint toujours d'une multitude d'individus, bien rarement on èspère. Tout le monde sent et

— *Il mondo come volontà e come rappresentazione*, Livre IV, pag. 83.

Lombroso et Laschi (*Delitto politico*, p. 140), écrivaient analogiquement à Barbaste, à Lauvergne et à Schopenhauer: « Les levains primitifs du vol, de l'homicide, de la luxure, qui couvent à l'état d'embryon dans chaque individu tant qu'il vit seul, surtout s'ils sont modérés par l'éducation, grandissent tout d'un coup comme des géants au contact d'autrui, et deviennent virulents dans les foules excitées ».

sait par expérience que l'exemple d'un homme pervers ou d'un fou peut entraîner la foule au crime;
bien peu croient, et cela arrive rarement en effet, que
la voix d'un homme de bien ou d'un homme courageux puisse persuader la foule au calme.

La psychologie collective, ainsi que nous l'avons dit
dans l'introduction, est fertile en surprises; cent,
mille hommes réunis peuvent commettre des actions
qu'aucun des cents ou des milles n'aurait commis
étant seul; mais ces surprises sont presque toujours
douloureuses. D'une réunion d'hommes bons, vous
n'aurez presque jamais un résultat excellent; vous
aurez souvent un résultat médiocre, quelquefois même
un résultat très mauvais.

La foule est un terrain où le mycrobe du mal se
développe très-facilement, tandis que le mycrobe du
bien meurt presque toujours, faute de trouver les
conditions de vie.

Et pourquoi cela ?

Sans parler ici des différents éléments qui composent une foule où, près d'hommes de cœur on voit des
indifférents et des cruels; et près des gens honnêtes,
bien souvent, des vagabonds et criminels (1), et tout
en nous bornant, pour le moment, à une observation
générale, nous pourrions répondre à la demande qui
nous a été faite, en disant que, dans une multitude,
les bonnes qualités des particuliers, au lieu de s'unir,
s'élident.

_____

(1) Nous nous occuperons de cela au chapitre suivant.

Elles s'élident, premièrement, par une nécessité naturelle, et je dirais, arithmétique. Comme la moyenne de plusieurs nombres ne peut évidemment être égale au plus élevé de ces nombres, de même un agrégat d'hommes ne peut refléter dans ses manifestations les facultés plus élevées, propres à quelques-uns de ces hommes ; il reflétera seulement les facultés qui se retrouvent en tous ou en le plus grand nombre des individus. Les dernières et les meilleures stratifications du caractère, dirait Sergi, celles que la civilisation et l'éducation ont réussi à former en quelques individus privilégiés, sont éclipsées par les stratifications moyennes qui sont le patrimoine de tous; dans la somme totale; celles-ci prévalent et les autres disparaissent.

Il arrive dans la foule, au point de vue *moral*, ce que nous avons remarqué plus haut (1), qu'il arrive dans toutes les nombreuses réunions d'hommes, au point de vue *intellectuel*. La compagnie affaiblit — par rapport au résultat total — aussi bien la force du talent que les sentiments charitables.

On ne veut pas dire par là que la foule soit incapable de toute manifestation noble et grande, soit du côté de la pensée ou de celui du sentiment (2). Trop

(1) Dans l'Introduction.

(2) Dans la première édition de cette ouvrage, j'avais parlé à la dérobée dans une note, pag. 88, du cas où un individu serait entraîné par la suggestion de la foule, à faire le bien plutôt que le mal. J'écrivais alors que, dans les révolutions politiques, il se peut qu'un homme, entraîné par l'enthousiasme et par l'excitation de la multitude, devienne un héros et un martyr, tandis qu'en temps normal, il aurait été simplement un bon citoyen, ou

de faits sont là pour nous démentir, principalement
tous ceux qui tirent leur origine de l'amour de la
patrie, et qui — depuis les 300 des Thermopiles aux
derniers martyrs de l'indépendance italienne — forment, pour ainsi dire, dans l'histoire une route sa-
crée qui prouve par elle-même qu'une multitude peut,
aussi bien qu'un seul individu, monter aux hauteurs
sublimes de l'abnégation et de l'héroïsme.

J'ai voulu seulement constater que la foule est *prédisposée,* par une loi fatale d'arithmétique psychologique, plus au mal qu'au bien, — de la même manière que n'importe quelle autre réunion d'hommes
est *prédisposée* à donner un résultat intellectuel in-
férieur à celui que devrait donner la somme de ses
composants. Il y a dans la foule une tendance cachée
à la férocité, qui constitue, — si je puis dire ainsi
— le facteur organique complexe de ses futures manifestations; et ce facteur (comme le facteur anthropologique dans l'individu) peut suivre une direction
bonne ou mauvaise, selon l'occ   ion et selon la suggestion qui lui est imposée par les co   ions extérieures.

De même qu'une assemblée, qui représente un ensemble intellectuellement médiocre, peut arriver, en

même un mauvais citoyen, s'il avait vécu dans un milieu cor-
rompu. Et je citais à ce propos, les paroles par lesquelles Moreau
a décrit le type classique du *gamin* de Paris, qui « en temps de
paix, devient à 16 ans souteneur, voleur, assassin, et, dès l'âge
de dix-huit ans, entre à la Grande Roquette où il prend son bil-
let pour la nouvelle Calédonie ; en temps de barricades, ce gamin
meurt en héros » (V. *Le monde des prisons,* Paris, 1881, p. 81).
— M. G. Albano, remarquait justement lui aussi ce phénomène.
V. *Archivio giuridico,* vol. xlvii, fasc. v.

certains cas, à comprendre une idée de génie ou un sentiment noble, si quelqu'un sait l'exposer (1), ainsi une foule qui représente un ensemble moralement médiocre et même bas, peut arriver en certains cas, à commettre des actions héroïques, s'il se trouve l'apôtre ou le capitaine qui sache l'y conduire. La vulgarité, dans le premier cas, et la cruauté, dans le second, peuvent donc se transformer en pensées et en sentiments meilleurs, ou même excellents, par œuvre de l'orateur ou du chef — de celui enfin qui est l'arbitre de ce que fera la foule.

Cette condition de la multitude a été exposée par M. Pugliese, par une comparaison magnifique: «Une foule est excitée, mais la force qui l'émeut, comme la mer agitée, n'a pas encore reçu l'impulsion du mouvement; — un chauderon est sous la pression, mais on n'a pas encore ouvert la valvule qui doit laisser passer la vapeur; — un amas de poudre est exposé au soleil, mais personne n'a allumé le feu pour la ire éclater. Un homme surgit, on manifeste une idée, on jette un cri: — allons tuer un tel, ennemi du peuple, ou: allons délivrer tel autre, ami des pauvres, — et le mouvement est donné, la valvule est ouverte, la poudre a éclaté. Voilà la foule (2) ».

(1) « Dans un bel élan d'enthousiasme — par exemple pendant la nuit du 4 août, — les assemblées peuvent déployer une générosité collective, dont presque tous les membres, sinon tous, sont incapables isolément ». — V. TARDE, dans la critique de la 1ʳᵉ édition de cet ouvrage. (Revue philosophique de novembre 1891).

(2) G. A. PUGLIESE dans la bibliographie de la 1ʳᵉ édition de ce livre, publiée dans la Rivista di Giurisprudenza, année XVI (1891), pag. 194.

Spencer a aussi une phrase qu'on peut regarder, si on l'applique à la foule, comme la même idée que la comparaison de M. Pugliese: « Les paroles, disait le philosophe anglais, ont avec l'ébranlement moral qu'elles excitent une relation qui ressemble beaucoup à celle que la pression de la détente d'une arme à feu soutient avec l'explosion qui la suit; elles ne produisent pas la force, elles la mettent en liberté (1) ».

Donc, dans la foule — comme dans l'individu, — toute manifestation est dûe aux deux ordres de facteurs, antropologique et social (2); — la foule peut-être *en puissance* tout ce qu'on veut, mais ce sera l'*occasion* qui fera naître tel ou tel évènement. Il y a toutefois cela de particulier: que l'*occasion*, c'est-à-dire

---

(1) H. SPENCER, *Les premiers principes*, p. 194.

(2) Il est à peine nécessaire de faire remarquer qu'en parlant de deux seuls facteurs, l'anthropologique et le social, nous n'avons pas voulu exclure le facteur physique. Nous avons parlé des deux premiers et non du troisième, parceque eux seuls intéressaient dans notre argument.

MM. LOMBROSO et LASCHI (dans le *Crime politique*) s'occupent de l'influence du climat dans les révolutions et les émeutes. Faisant la statistique des rébellions par mois et par saison dans l'antiquité, le moyen âge et le siècle écoulé, ils arrivent aux résultats suivants: que c'est en été que le chiffre des révoltes a toujours été le plus élevé, et en hiver le plus bas; que ce chiffre encore est au maximum pendant le mois qui a suivi le début des plus grandes chaleurs, *juillet;* qu'il est au contraire au minimum pour le mois qui suit le début des froids, *novembre.*

M. FOURNIAL dans une brochure, à vrai dire très peu originale, s'occupe aussi du facteur physique dans les crimes collectifs.

N'ayant pas eu le temps de recueillir des données nouvelles à ce propos, j'ai négligé complètement l'étude des facteurs physiques.

la parole ou le cri d'un homme, a, devant la multitude, une importance infiniment supérieure à celle
qu'elle a devant un seul homme. L'individu isolé —
dans la société, à l'état normal, — est toujours, plus
ou moins, une matière peu inflammable; approchez
de lui une mèche; elle brûlera plus ou moins lentement, et peut-être même s'éteindra-t-elle (1). La foule,
au contraire, est toujours comme un amas de poudre
sèche: si vous en approchez la mèche, l'explosion ne
peut manquer. L'occasion a donc dans la multitude
le terrible de l'irréparable (2).

Après toutes ces considérations, on pourrait croire
entaché le principe exposé plus haut, — que la foule
est un terrain dans lequel le microbe du bien meurt
bien souvent, et dans lequel, au contraire, le microbe

---

(1) Cela s'entend en général: nous savons aussi nous-mêmes que
parfois l'*occasion* produit le même effet fulminant sur l'individu
isolé que sur la foule; par ex.: une provocation très grave faite
à un criminel par passion.

(2) Cette vérité peut se prouver aussi en d'autres cas que ceux
qui regardent les crimes d'une multitude; par exemple, dans les
élections politiques populaires. Un nom, qu'on a su jeter adroi-
tement à temps au milieu d'une foule, a l'adhésion de tous, invo-
lontairement, par le seul fait qu'il a été prononcé. Si on en avait
nommé un autre, l'effet eût été le même. On pourrait rapporter
ici mille exemples; un seul suffira: « Lorsque Osman, empereur
des Turcs, fut déposé, aucun de ceux qui commirent cet attentat
ne songeait à le commettre; ils demandaient seulement en sup-
pliants qu'on leur fit justice sur quelque grief; une voix, qu'on
n'a jamais connue, sortit de la foule par hasard: le nom de Mustapha fut prononcé, et soudain Mustapha fut empereur ». —
Montesquieu, *Lettres persanes*. Lettre 81. Usbeck à Rhedi.

du mal pousse facilement. Puisque, dira-t-on, tout dépend de l'occasion, et qu'elle peut être bonne ou mauvaise, les probabilités pour les résultats opposés sont égales.

Mais il n'en est pas ainsi.

S'il est vrai que tout dépend de l'occasion, il n'est pas moins vrai que l'occasion est plus souvent mauvaise que bonne.

Et cela pour cette grande raison: que, étant donné même que dans la foule le nombre des personnes qui veulent conduire au bien soit égal à celui des personnes qui veulent entraîner au mal, celles-ci auront, dans la plupart des cas, le dessus. La perversité est une qualité plus *active* que la bonté; puisque la classe des méchants est composée de ceux qui veulent faire du mal aux autres, tandis que la classe des bons est composée de ceux qui *ne feraient jamais de mal à personne,* (les passifs), et puis de ceux qui non seulement ne feraient pas de mal, mais qui veulent faire du bien et qui le font. Or, il est facile de comprendre que les bons *passifs* ne peuvent influencer une multitude et la diriger: leurs qualités négatives les rendent instruments aveugles de qui saura prendre le dessus.

Quant aux bons *actifs* (permettez-moi ces expressions, qui rendent exactement ma pensée) leur pouvoir rencontre bien des difficultés, parce que s'ils tentent de s'imposer, de réagir contre les conseils des méchants, s'ils cherchent à ramener le calme, ils verront bien souvent leur paroles mal interprétées, et ils seront accusés de poltronnerie et pire encore. C'est

pourquoi, s'ils osent réagir une première fois, ils
n'essayeront plus la seconde, et la suggestion de ceux
qui veulent faire naître quelque chose de sérieux, de
grave, ne rencontrera plus aucun obstacle. Combien
n'y en a-t-il pas qui dans un soulèvement populaire,
crient *vive* ou *mort,* parce qu'ils craignent s'ils se
taisent que leurs voisins ne les accusent de lâches et
d'espions! Et combien, pour les mêmes raisons, passent des cris aux actes! Il faut une force de caractère peu commune pour réagir contre les excès que
commet la foule dont ont fait partie; et bien peu pos-
sèdent cette force. La plupart *comprend* qu'elle agit
mal, mais elle le fait parce que la foule l'y pousse et
l'y contraint. Ils savent que s'ils ne suivent pas le
courant, ils seront appelés vils et seront les victimes
de la colère d'autrui. Et la peur matérielle d'être
maltraités ou blessés s'unit à la peur morale d'être
traités de lâches.

Alexandre Manzoni dans *Les Fiancés* a une page
splendide qui décrit cette impossibilité morale et physique à laquelle se trouvent réduits les bons dans la
foule, de réagir contre la majorité qui court folle-
ment à commettre des actions criminelles:

« ..... c'était un mouvement continuel, on se poussait, ou se tirait, il y avait comme un étanchement,
une incertitude, une irrésolution, un bourdonnement
continuel de contrastes et de conseils. Tout d'un
coup, une voix sortit au milieu de la foule, une mau-
dite voix qui criait: « Il y a ici près la maison du
vicaire; allons faire justice et saccager ». Il semblait
que l'on ravviva tout d'un coup le souvenir d'une

convention déjà faite, plutôt que l'acceptation d'une
proposition soudaine. — « Chez le vicaire, chez le vicaire!»; on n'entend pas d'autre cri. La foule se met en
marche comme un seul homme, et se dirige vers la
maison nommée à un si mauvais moment. — « Le vicaire! le tyran! nous le voulons vivant ou mort! ».
Renzo se trouvait au plus fort du tumulte. A peine en-
tendit-il cette proposition sanguinaire qu'il fût saisi
d'effroi; quant au pillage, il n'aurait pas su dire s'il
était bon ou mauvais en ce cas, mais la pensée de
l'homicide lui causait une horreur sans mélange. Et,
bien que par cette funeste docilité des esprits passionnés devant la passion d'un grand nombre, il fût plus
que persuadé que le vicaire était la cause principale
de la faim, l'ennemi des pauvres; cependant ayant entendu, par hasard, peu avant dans la foule, quelques
paroles qui indiquaient le désir de ne rien négliger
pour le sauver, il s'était promis de suite d'aider une
telle œuvre.... Un vieux, écarquillant deux yeux creux
et enflammés, agitait dans l'air un marteau, une corde
et quatre gros clous, avec lesquels, disait-il, il voulait
pendre le vicaire à sa porte, tué qu'il fût. — « Honte!»
cria Renzo épouvanté à ces mots et à la vue d'un certain nombre de figures qui semblaient les approuver,
mais encouragé par la vue d'autres qui se taisaient,
tout en laissant apercevoir la même épouvante que
lui, — « Honte! veux-tu donc que nous devenions des
bourreaux? assassiner un chrétien? Comment voulez-
vous donc que Dieu nous donne du pain si nous com-
mettons ces horreurs? Il nous enverra sa foudre et non
du pain!» — « Ah chien! ah traître de la patrie!»

cria, en se tournant vers Renzo comme un possédé,
un de ceux qui avait pu entendre ces saintes paroles,
malgré le bruit. — Attend, attend! C'est un servi-
teur du vicaire déguisé en paysan : c'est un espion:
prenez-le! ». Cent voix répondent autour de lui : —
« Qu'est-ce que c'est? Où est-ce? Qui est-ce? Un ser-
viteur du vicaire. Un espion. Le vicaire déguisé en
paysan, qui se sauve. Où est-il? Attrapez-le, tapez
dessus! ». Renzo se tait, il s'anéantit, il voudrait dis-
paraître; quelques uns de ceux qui l'entourent le cachent au milieu de leur groupe, et tachent de confondre les voix ennemies et homicides, par d'autres cris
plus forts. Mais ce qui le sauva ce fut un « place,
place » que l'on cria près de là ..... ».

Il y a une infinité de personnes qui se trouvent
dans le cas de Renzo. Et, si la comparaison ne paraissait pas un peu hardie, je dirais que la plus grande
partie des honnêtes gens qui se trouvent au milieu
d'une foule furibonde, doivent presque fatalement, par
une loi de *mimisme psychique,* se conduire comme
ceux qui les entourent.

Ainsi qu'il y a des animaux qui, pour s'effacer aux
yeux de leurs ennemis et se mieux défendre d'eux,
prennent la couleur du milieu dans lequel ils vivent (1), de même les hommes qui se trouvent dans

(1) Sur ce phénomène, qui dérive de l'instinct de conservation,
consultez Weissmann, *Studien zur Descendenz-Theorie,* Leipzig,
1876, pag. 10 et suiv.; — Girard, *La nature,* 1878, pag. 109; —
Darwin, *Origine delle specie,* trad. ital.. Turin, 1875, p. 467; —
et Canestrini, *La teoria di Darwin,* Milan. Dumolard, 1887, ii éd.
p. 263.

une foule, pour éviter qu'on les insulte et qu'on les
batte, prennent la *teinte morale* de ceux qui les entourent; c'est-à-dire qu'ils crient tout ce que les
autres veulent, et font semblant de suivre le courant.

S'il en est vraiment ainsi, il n'est pas difficile de
comprendre pourquoi les passions mauvaises ont le
dessus dans la foule, et étouffent les bonnes inten-
tions du plus petit nombre.

Mais, outre les considérations que nous avons déjà
vues, il y en a une qui explique mieux encore la
victoire des instincts brutaux.

Nous avons démontré, je l'espère du moins, de
quelle manière une émotion quelconque, ressentie et
manifestée par un seul individu, se propage immédiatement à un grand nombre. Admettons que cette
émotion soit de fureur ou de colère; en un instant,
le visage et le maintien de chaque individu prendront
une expression de colère qui aura quelque chose de
tendu et de tragique.

Il ne faut pas croire que cette expression n'est
qu'apparente: l'émotion réelle suit toujours les actes
qui l'expriment, même quand ces actes ne sont, au
commencement, que des démonstrations apparentes.
Nous pouvons feindre, par la seule volonté, une émotion que nous n'éprouvons pas; mais nous ne pouvons pas rester indifférents devant une émotion que
nous feignons extérieurement.

Puisque tout état intellectuel est accompagné par
des manifestations physiques déterminées, qui n'en

sont pas seulement les effets et les signes, mais —
comme dit Ribot (1) — les conditions nécessaires et
les éléments constitutifs, il en vient de conséquence
que, entre un état intellectuel et ses manifestations
extérieures, il y a toujours un rapport de récipro-
cité, en ce sens, que l'un ne peut naître sans produire immédiatement les autres, et *viceversa.*

— « Quand les yeux fermés, dit Lange, nous pensons à un crayon, nous faisons d'abord un léger mouvement des yeux qui correspond à la ligne droite, et
souvent nous nous apercevons d'un léger changement
dans les mouvements de la main, comme si nous tou-
chions un crayon (2) ».

— « Pour les représentations abstraites, Stricker
démontra d'une manière sûre l'existence de la *parole
intérieure;* et chacun peut s'apercevoir en s'examinant avec attention, que quand il pense à quelque
chose d'abstrait, il prononce silencieusement au de-
dans de lui-même la parole qui le représente, ou tout
au moins il se sent poussé à la prononcer (3) ». —
Bain disait, en effet, en résumant en une seule phrase
l'idée exposée par Lange et par Stricker, que — pen-
ser veut dire se retenir de parler et d'agir (4).

(1) Th. Ribot, *Psychologie de l'attention,* Paris, Alcan, 1889.

(2) Lange, *Beiträge zur Theorie der sinnlichen Aufmerk-
samkeit und der activen Apperception,* — Philosophisce Studien, iv, 415.

(3) A. Mosso, *La Fatica,* Trèves, 1891, chap. viii, p. 235.

(4) Setschenoff disait pareillement : « La pensée est un reflexe
réduit à ses deux premiers tiers ». — Cité par Ribot, œuvr. cit.,
pag. 89.

Du reste, un millier d'expériences prouvent que le mouvement est inhérent à l'image. — « Les personnes que se jettent dans un abîme, de peur d'y tomber; celles qui se coupent avec le rasoir de crainte de se couper, et la célèbre lecture des pensées — qui n'est pas autre chose que la lecture d'états musculaires, — semblent étranges au public parce qu'il ignore ce phénomène psychologique élémentaire — que chaque image renferme une tendance au mouvement (1) ».

Réciproquement, chaque mouvement renferme une tendance à une image quelconque. Il a été dit que la pensée n'est qu'une action avortée. Je crois pouvoir dire analoguement que — l'acte extérieur est une pensée qui nait. —

« La particulière action musculaire — dit splendidement Maudsley — n'est pas seulement l'exposant de la passion, mais bien aussi une partie essentielle d'elle-même. Exprimez par votre physionomie une émotion particulière — celle de la colère, de l'étonnement, de la malignité — et l'émotion ainsi imitée ne manquera pas de s'éveiller en vous; et pendant que les traits du visage expriment une passion déterminée, il est inutile et vain de tâcher d'en éprouver une autre (2) ».

(1) Ribot, œuvr. cit., pag. 79. — Voir à ce propos: Darwin, Expression des émotions, ch. x ; Preyer, L'âme de l'enfant. trad. franc., p. 250 et suiv.; Féré, Sensation et mouvement; Mantegazza, La Physionomie, ch. xvi ; Riccardi, Saggio di studi e di osservazioni intorno all'attenzione nell'uomo e negli animali, Modena, 1877; et Tissié, Les Rêves, Alcan, 1890, p. 12.

(2) E. Maudsley, Corpo e mente, leçons traduites par le docteur Collina, Orvieto, 1872. V. Lez. i, p. 33.

Espinas écrivait d'une manière analogue: « De même que l'homme qui tient un fleuret dans un assaut courtois s'anime au jeu et éprouve quelque chose des sentiments qu'il aurait dans une véritable lutte, de même que le sujet magnétisé passe par tous les états correspondants aux postures qu'on lui fait prendre, s'enorgueillissant quand on le dresse, s'humiliant quand on l'accroupit, de même les animaux éprouvent rapidement les émotions dont ils reproduisent les signes extérieurs. Le singe, le chat, le chien en viennent vite, en simulant le combat dans leurs jeux, à une véritable colère, tant il y a de connexion entre les actes et les attitudes qui expriment d'ordinaire un état de conscience et cet état de conscience lui-même, tant ces deux moitiés d'un seul et même phénomène s'engendrent facilement l'une l'autre (1) ».

(1) A. ESPINAS, œuvr. cit., pag. 360. -- A ce propos, SPENCER écrivait: « Si, en connexion avec un groupe d'impressions et de phénomènes de mouvement naissants qui en résultent, on éprouve habituellement quelque autre impression ou phénomène de mouvement, celle-ci, par le progrès du temps, deviendra si bien liée au groupe, qu'elle naîtra aussi quand le groupe naîtra, ou fera naître le groupe quand elle même sera produite. Si, avec l'acte de se précipiter sur une proie et de la saisir, a toujours été expérimentée une certaine odeur, la présentation de cette odeur fera naître les phénomènes de mouvement et les impressions qui accompagnent l'acte de se précipiter et de saisir une proie. Si les phénomènes de mouvement et les impressions qui accompagnent l'acte de saisir une proie, ont été habituellement suivis par les morsures, combats et grognements qui accompagnent la destruction de la proie, alors, quand les premiers se produiront à l'état naissant, ils feront naître, à leur tour, les états psychiques qu'impliquent les morsures, les combats, les grognements.

Or donc, il est clair qu'une foule, en laquelle on a produit une émotion de colère ou de fureur, sera en un instant, non seulemement agitée et émue *extérieurement,* mais *réellement* irritée (1). Il est bien facile de comprendre alors comment, avant même d'avoir recours au facteur anthropologique, elle peut arriver au crime.

Et si ceux-ci ont été de même suivis par les états psychiques impliqués dans l'acte de manger, alors ces derniers à leur tour, se produiront à l'état naissant. Ainsi la simple sensation de l'odorat fera naître ces états de conscience nombreux et variés qui accompagnent les actes de se précipiter, saisir, tuer et dévorer la proie. Les sensations de la vue, de l'oreille, du tact, de l'odorat, du goût, des muscles, qui accompagnent constamment les phases successives de ces actions, seront toutes partiellement excitées en même temps, constitueront par leur réunion les désirs de prendre, tuer et dévorer, et formeront l'impulsion au mouvement qui mettra les membres à la poursuite de la proie ». — V. *Principes de psychologie,* t. I, 4e partie, chap. VIII, § 214.

Ce morceau de Spencer renferme la loi de psycho-physiologie que Charcot a résumée ainsi : « Chaque mouvement que nos muscles reçoivent de l'extérieur, chaque force nerveuse, qui se développe dans l'organisme excitée par une cause etrangère et non spontanément, détermine une série d'états cérébraux et de modifications mentales capables d'être traduites par le maintien et les mouvements expressifs qui l'accompagnent ».

V. G. Campili, *Il grande ipnotismo,* Frères Bocca, 1886, p. 43. — Janet fondait sur la même loi la théorie suggestive. V. Paul Janet, *Revue politique et littéraire,* n. 4-7, 1884.

(1) M. Joly avait l'intuition de ce phénomène physiologique, lorsqu'il disait en parlant de l'individu qui est dans une foule, et qui se laisse entraîner par elle : « Ce n'est plus chez lui la volonté qui amène l'acte, c'est l'acte qui met en branle la portion imaginative et peut-être plus encore la portion physique de la volonté ». — V. *La France criminelle,* Paris, L. Cerf, 1889, chap. XV, pag. 406.

Tous les individus, qui font partie d'une foule, sont dans une condition psychologique analogue à celle d'un individu provoqué et offensé personnellement. C'est pourquoi le crime qu'ils commettront ne sera pas un acte sauvage incompréhensible, mais plutôt une réaction (juste ou injuste, mais en tous cas naturelle et humaine) contre la cause, ou ce qu'ils croient la cause, de cette provocation qu'ils ont ressentie par contagion.

Le facteur anthropologique aura certainement sa part dans ce crime, mais le motif principal n'en sera pas moins l'état réel de colère et d'irritation de la multitude. Cet état de colère rend les crimes de la foule semblables en tout à ceux des délinquants d'occasion, qui — comme on le sait — n'arrivent au crime que lorsqu'ils y sont poussés par les circonstances ou les provocations extérieures.

Nous avons donc levé un premier voile du mystère des crimes imprévus de la foule: nous entrevoyons maintenant pourquoi elle les commet. Une dernière considération nous aidera à expliquer encore mieux ce phénomène.

C'est une loi psychologique d'une vérité incontestée que l'intensité d'une émotion croît en proportion directe du nombre des personnes qui la partagent dans le même lieu et le même temps.

C'est là le motif du haut degré de frénésie auquel monte parfois l'enthousiasme ou l'improbation, dans un théâtre ou dans une assemblée.

On aura un exemple et une preuve de ce que nous affirmons, si l'on veut bien examiner ce qui arrive dans une salle où parle un orateur. — « Je suppose que l'émotion ressentie par cet orateur puisse être représentée par le chiffre 10, et qu'aux premières paroles, au premier éclat de son éloquence, il en communique au moins la moitié à chacun de ses auditeurs qui seront 300, si vous le voulez bien. Chacun réagira par des applaudissements ou par un redoublement d'attention; et cela produira ce qu'on appelle dans les comptes-rendus un mouvement (*sensation*). Mais ce mouvement sera ressenti par tous à la fois, car l'auditeur n'est pas moins préoccupé de l'auditoire que de l'orateur, et son imagination est soudainement envahie par le spectacle de ces trois cents personnes frappées d'émotion: spectacle qui ne peut manquer de produire en lui, d'après la loi énoncée tout-à-l'heure, une émotion réelle. Admettons qu'il ne ressente que la moitié de cette émotion, et voyons le résultat. La secousse ressentie par lui sera représentée non plus par 5, mais par la moitié de 5 multipliée par 300, c'est-à-dire par 750. Que si on applique la même loi à celui qui est debout et qui parle au milieu de cette foule silencieuse, ce ne sera plus le chiffre de 750 qui exprimera son agitation intérieure, mais 300 fois $\frac{750}{2}$, puisqu'il est le foyer où tous ces individus profondément remués renvoient les impressions qu'il leur communique (1) ». —

Il est certain que, dans une foule, la communication des émotions n'a pas lieu de tous à un seul; elle ne présente donc pas ce caractère de concentration organique.

(1) V. Espinas, œuvr. cit., pag. 361.

Le concours est tumultueux et une grande partie des émotions — il faut en convenir — ne pouvant pas être ressentie par tous, n'a pas d'écho. L'intensité de l'émotion n'offre plus alors un rapport égal au nombre des individus, et l'accélération des mouvements passionnés est beaucoup moins rapide. Mais la loi générale n'en est pas moins vraie. Elle se manifeste d'une manière moins déterminée, moins claire, plus incertaine; mais cette incertitude même, et cette confusion auront leur effet. Chaque cri, chaque bruit, chaque acte, justement parce qu'il n'est ni entendu ni interprété exactement, produira un effet plus grave peut-être qu'il n'aurait dû réellement produire (1). Chaque individu sentira son imagination s'exalter, il deviendra plus docile à toute suggestion, et il passera de l'idée à l'action avec une rapidité qui épouvante.

« Plus la surface sur laquelle s'étend une influence devient hétérogène — écrit Spencer — plus le nombre et l'espèce des résultats sont multipliés par un facteur élevé (2) ».

(1) Par exemple, le discours d'un orateur, qui tente de ramener le calme dans une foule déjà exaspérée, peut avoir un résultat opposé à celui qu'il se proposait; puisque ceux qui sont éloignés n'entendent pas les paroles, et ils voient seulement les gestes de l'orateur auxquels ils donnent — par un phénomène psychologique naturel — l'interprétation qu'ils préfèrent. — C'est ainsi, si je ne me trompe, qu'il doit être arrivé à l'assemblée des ouvriers, le 1er mai 1891 à Rome, par le discours de Amilcare Cipriani.

(2) H. SPENCER. Pr. Pr. Chap. xx, p. 408.

Nous serons alors en présence du phénomène que Enrico Ferri appelle *fermentation psychologique :* les levains de toutes les passions monteront des profondeurs de l'âme ; et, comme des réactions chimiques, entre plusieurs substances, on obtient des substances nouvelles et différentes ; ainsi des réactions psychologiques, entre plusieurs sentiments différents, naîtront des émotions nouvelles et terribles, inconnues jusqu'alors à l'âme humaine (1).

En de pareils cas, étant impossible, non seulement de raisonner, mais de voir et d'entendre exactement, le fait le plus minime prend des proportions énormes, et la moindre provocation conduit au crime. C'est en de pareils cas, que l'innocent est mis à mort par la foule sans même être écouté, parce que — comme dit Maxime Du Camp — « le soupçon suffit, toute protestation est inutile, la conviction est profonde (2) ».

(1) SCHÜTZENBERGER écrit dans son traité sur les fermentations : « Plus un organisme est simple, moins il renferme d'ordres spéciaux de cellules, plus les réactions chimiques qui s'y passent sont simples aussi et faciles à démêler, à isoler par l'expérience. Plus au contraire la constitution hystologique est variée et hétérogène, plus aussi nous voyons apparaître de composés distincts, comme produits des phénomènes chimiques multiples qui se passent dans les divers tissus ». *(Les fermentations).*

On peut déduire facilement de cela que — dans l'organisme humain — qui est de tous les organismes celui qui a la constitution la plus variée et la plus hétérogène — les réactions psychologiques atteindront le maximum de la variété et de l'hétérogénéité.

(2) M. DU CAMP, *Les convulsions de Paris,* Paris, Hachette, 5ᵉ édit., 1881, tom. IV, pag. 185.

SIGHELE. — *La foule criminelle.* 6

Il est donc naturel de conclure que l'irritation et
la colère de la foule, — que nous avons démontré
être non seulement apparentes, mais *senties réellement*, — deviendront en un court espace de temps,
par la seule influence du nombre, une vraie fureur.
On ne sera plus étonné, après cela, de voir la foule
commettre les crimes les plus affreux.

Cette terrible influence du nombre, qui est, je crois,
intuitive pour tous (1), et que nous avons essayé d'expliquer, est soutenue par les observations de tous les
naturalistes. C'est une chose connue que le courage
d'un animal augmente en raison directe de la quantité de compagnons qu'il sait avoir près de lui; et
diminue en raison directe de l'isolement plus ou moins
grand dans lequel il se trouve (2).

La sanction plus claire de la loi — que le courage
des combattants est proportionné à leur nombre —
a été donnée par Forel, par une expérience faite et

(1) « Il y a dans le nombre même une influence subtile et puissante, qui agite les passions, et force, pour ainsi dire, l'individu
à imiter son voisin ». — Du journal *The Lancet* déjà cité.

(2) « La même fourmi, qui se laissera tuer dix fois quand elle
est entourée de ses compagnes, se montrera extrêmement timide
et évitera le moindre danger, quand elle sera isolée à vingt mè-
tres de son nid. — V. FOREL, *Les fourmis*, p. 249.

C'est, du reste, un fait bien connu que la présence seule d'un
de nos semblables suffit pour augmenter légèrement en nous la
force des émotions. Ce phénomène peut s'observer facilement en
certains cas de folie. Le D.r REGIS dans son ouvrage *Les neuras-
thénies psychiques*, cite le fait d'un malade, frappé de la folie
du doute ou de l'indécision, qui ne pouvait pas, étant seul, ouvrir
une porte, ou boutonner sa veste; aussitôt que quelqu'un entrait,
l'accès terminait.

rapportée par lui, dans son œuvre magnifique sur les fourmis. Il enleva 7 individus de deux armées de *fourmis pratensis* engagées au combat, dont 4 d'un camp et 3 de l'autre; et les mit ensuite dans un même vase. Les 7 fourmis, autrefois irritées et qui se battaient les unes contre les autres, redevinrent amies.

Quelle preuve plus grande que c'est le nombre qui fait éclater dans la foule les instincts de cruauté et l'amour du combat?

CHAPITRE II

—

Les foules criminelles

I.

Les observations générales, que nous avons faites jusqu'ici, étaient nécessaires à bien faire comprendre quelle étrange et terrible force intime a une foule en elle-même.

Il faut examiner maintenant, d'après les faits, non-seulement comment cette force intime se manifeste, mais aussi s'il entre d'autres facteurs dans la production des crimes d'une multitude, et quels ils sont. Ce n'est qu'après cette recherche qu'il sera possible de répondre à la demande que nous nous sommes faite au commencement de cet ouvrage, c'est-à-dire : quelle forme de réaction sociale convient le mieux à ces crimes ?

Il nous faut, avant tout, abandonner pour un instant l'étude psychologique de la foule qui, assemblée et frémissante, n'attend que l'étincelle qui doit faire éclater toutes les énergies qu'elle renferme à l'état

de puissances. Il nous faut monter à des considérations de nature différente, et qui appartiennent plutôt à la sociologie qu'à la science plus resserrée de
la psychologie collettive. On doit examiner quelle est,
de nos jours, la condition normale du peuple, quels
sont ses sentiments, ses idées, ses besoins. De même
qu'on ne peut donner un jugement sur un criminel,
examinant seulement sa conduite par rapport au crime
commis; mais il faut rechercher quelles étaient ses
dispositions d'esprit, son caractère, et ses conditions
économiques, — ainsi ne peut on juger le crime d'une
foule, si on ne connait les aspirations et les tendances, en un mot, l'état matériel et moral du peuple, dont cette foule n'est qu'une partie (1).

Il est certain que cette analyse, relativement facile à faire sur un individu, offre de grandes difficultés quand il s'agit d'une société entière. Il y a,
entre les deux cas, la même différence qu'entre écrire
une biographie ou une histoire. On comprend bien
qu'il ne s'agit pas de faire ici une étude minutieuse
et achevée (et nous n'aurions, d'ailleurs, ni les connaissances ni le talent nécessaire pour y réussir),
mais de jeter un coup d'œil sur les caractères principaux de l'époque, afin de se faire une idée, aussi

(1) Dans la 1re édition de cet ouvrage, j'avais négligé et même
complètement oublié, de traiter mon thême sous cet important
point de vue. C'est le prof. LESSONA qui, dans un article sur mon
livre (La Giustizia, année II, N. 35) m'indiqua cette lacune, et
je suis heureux de lui prouver par ces pages combien j'ai trouvé
sa critique vraie et juste.

exacte que possible, de la condition psychologique permanente de ce peuple qui demain peut être, pour une
occasion quelconque, se réunira en foule pour commettre des crimes.

L'observateur le moins clairvoyant ne peut nier
qu'il y a de nos jours comme un frémissement de révolte dans le peuple. La conscience contemporaine
dans les ouvriers, et çà et là dans les paysans prolétaires, *sent* qu'une nouvelle classe a surgi ; et puisque les libertés politiques du jour ont donné le pouvoir absolu au nombre, en substituant le droit divin
de la majorité à celui des rois (1), cette classe, se
voyant la plus nombreuse, demande, avec une logique que les autres classes lui ont enseignée, beaucoup
plus de droits et de privilèges qu'elle n'en a jusqu'a-
présent (2).

C'est dans cette demande, simple et humaine, —
qui a été dans l'histoire l'origine de tous les progrès,
et qui correspond socialement à l'instinct de conservation de tout organisme individuel, — qu'est la
source première, et même unique, de toutes ces idées
politiques, plus ou moins exagérées, qui se propagent
toujours plus et s'insinuent dans la conscience et dans
le cerveau des paysans et des ouvriers, qui igno-

(1) V. H. SPENCER, *L'individu contre l'État*, Paris, Alcan, 1885,
p. 116.

(2 Il est superflu, pour appuyer notre assertion, de rappeler ici
les manifestations des ouvriers, le 1ᵉʳ mai. V. du reste à ce propos, F. S. NITTI, *Il primo maggio*, Étude de sociologie (dans la
Revue, *La Scuola positiva*, I, N. 2), et les auteurs qui y sont
cités.

raient jusqu'ici leurs droits, grâce aux despotismes
également terribles de la religion et des gouverne-
ments absolus.

Un grand nombre attribuent le mécontentement et
l'agitation du peuple à ces idées, — qui vont par degrés indistincts du radicalisme à l'anarchie, — et
croient que s'il n'y avait pas des individus qui se sont
faits et qui se font les apôtres et les crieurs de ces
idées, le peuple de la campagne et les classes ouvriè-
res des villes vivraient encore tranquilles et contents
de leur condition, sans en rêver une meilleure.

Je ne nie pas que ces idées aient fait croître leurs
désirs: rien n'est plus dangereux qu'une grande pensée dans un petit cerveau, a dit Taine, et il est certain que la grandeur des aspirations socialistes peut
avoir contribué à faire perdre l'équilibre intellectuel et moral à beaucoup de ceux qui, ayant très-
peu de connaissances ou aucune, et beaucoup de misère, acceptent par nécessité avec enthousiasme n'importe quelle théorie qui leur promet plus que d'autres
le bien-être matériel (1). J'admets aussi, bien que
très-relativement, que ces idées ont fait acquérir à
quelques uns, — comme disait un conservateur italien, — plus de présomption que de jugement, plus
de tentations que de calme, plus de convoitise que de
foi (2) ».

(1) E. FERRI, *Socialismo e criminalità*, Torino, Bocca, 1883,
pag. 10.
(2) P. TURIELLO, *Governo e governati in Italia*, Bologna, Zanichelli, II édit., 1889. vol. I, p. 22.

Mais je crois que c'est une erreur, et des plus fatales, de croire que ces idées sont la seule cause de la fermentation qui agite les classes inférieures. Elle dépend de causes bien plus éloignées et profondes, et malheureusement bien plus difficiles à détruire que les théories d'un parti politique ou d'un autre; elle dépend de la crise sociale qui nous opprime, et qui est d'autant plus douloureuse que notre sensibilité est plus grande, et que le progrès nous a donné plus de besoins.

Parler contre le danger de certaines doctrines politiques, en leur attribuant de susciter dans le peuple des plaintes qu'il n'aurait pas faites, c'est la même chose que de parler contre l'immoralité de certaines doctrines scientifiques, les accusant de pervertir le public, ou contre l'immoralité de l'art naturaliste, l'accusant de rendre les coutumes plus mauvaises (1). Ces trois formes d'activité intellectuelle n'ont d'autre but que de représenter le vrai; mais puisque certaines classes de la société égoïstes et ipocrites ne veulent pas reconnaître la vérité, elles accusent ceux qui la révèlent de la peindre laide, plutôt qu'admettre qu'elle

(1) M. JULES VALLÈS, dans son volume *Les réfractaires,* a un chapitre intitulé *Les victimes du livre,* où il montre la grande influence que peut avoir la littérature sur le développement des sentiments et sur les actions des individus. Certainement nous ne voulons pas nier cette influence, mais nous croyons qu'elle est bien plus restreinte qu'on ne le suppose. — « Quand un diabétique se fait une légère blessure — écrit M. Bourget — il meurt. Ce n'est pas cette blessure qui le tue. Elle a simplement manifesté un état général qu'un autre accident aurait rendu funeste. Les livres les plus dangereux agissent de même ».

est telle en réalité. — Hé, monsieur, — disait en
1850 Beyle, qui s'occupait de ce même problème, au
point de vue littéraire, — un livre est un miroir qui
se promène sur une grand'route. Tantôt il reflète à
vos yeux l'azur des cieux, tantôt la fange du bourbier
de la route. Et l'homme qui porte le miroir dans sa
hotte sera par vous accusé d'être immoral? Son miroir montre la fange, et vous accusez le miroir? Accusez bien plutôt le grand chemin où est le bourbier,
et plus encore l'inspecteur des routes, qui laisse l'eau
croupir et le bourbier se former (1) ».

Ne répétons donc pas la sotte accuse que l'on fait
à ceux qui soulèvent le voile des nombreuses injustices sociales; ils ne font que constater la vérité; et
si elle est douloureuse, à qui la faute? Sthendal le
dit clairement: « *accusez le grand chemin, et plus
encore l'inspecteur des routes* ».

Il faut cependant convenir qu'on ne se borne pas
toujours à démontrer le mal qui existe et à proposer de le corriger d'une manière juste et graduelle.
Les uns conseillent les remèdes violents et criminels, et ce sont ceux là, dit-on, qui excitent les prolétaires contre les riches.

Evolutionniste dans l'âme, je ne puis approuver ceux
qui veulent faire triompher une idée par la violence:
— « la violence et la vérité, a dit Pascal, sont deux
puissances qui n'ont aucun pouvoir l'une sur l'autre:
la vérité ne peut pas diriger la violence, et celle-ci
n'a jamais servi utilement à la vérité (2) ; « je crois

(1) *Le Rouge et le Noir*. Chap. xlix.
(2) J'affirme tout cela en théorie, comme l'idéal auquel tend,
et qu'atteindra sans doute l'humanité. En pratique et de nos

cependant que l'on exagère l'influence de certaines théories dangereuses, quand on les expose seulement en théorie (1). Vous pouvez écrire dans tous les journaux du monde qu'il faut enlever le superflu à celui qui le possède, mais ces paroles ne convaincrons que l'ouvrier qui est déjà anthropologiquement disposé au vol; elles n'auront aucune influence sur l'honnête homme, car « l'homme agit selon ce qu'il sent, et non selon ce qu'il pense (2) ».

Donc, toutes les théories, même les plus féroces, valent bien peu de chose dans notre dinamique mo-

---

jours, la violence politique, c'est-à-dire les révolutions et les révoltes (qui ne représentent qu'un mouvement accéléré de l'évolution) sont encore malheureusement nécessaires, et peuvent être utiles. Pour le prouver, il suffit de jeter un coup d'œil sur l'histoire d'Italie de la seconde partie de notre siècle ; sans les révolutions, nous ne serions pas aujourd'hui une nation libre. Historiquement, les paroles de Pascal, « *la violence n'a jamais servi utilement à la vérité* »; sont donc fausses ; mais ce serait un crime que de soutenir le contraire en théorie, car nous devons faire tout le possible pour aider le progrès en tout, sans victimes humaines.

(1) Je dis : *Quand elles ne sont exposées qu'en théorie,* pour un motif bien facile à comprendre et que nous explique STUART MILL par ces paroles : — « L'idée, écrivait-il, que le marchand de farine fait mourir les pauvres de faim, ou que la propriété particulière est un vol, ne doit pas incommoder tant qu'on l'écrit et on la publie dans les journaux ; mais elle peut être légitimement punie quand on la manifeste verbalement dans une foule agitée devant un marchand de farine, ou quand on la propage exprès devant un rassemblement de peuple, sous forme d'affiches ». — Voir *La libertà,* Torino, 1865, pag. 81.

(2) V. FERRI, *Socialismo e criminalità.* p. 11.

rale (1); ce qui vaut quelque chose, c'est notre sentiment. Et c'est le sentiment qui dit, non-seulement
aux prolétaires, mais à tous les autres hommes, que
nous souffrons tous, à cause de l'un ou de l'autre,
ou de la fatalité, des injustices morales et matérielles. Ces injustices, il est vrai, sont plus ou moins
grandes selon les différentes classes d'individus; mais
si elles sont différentes objectivement, elle ne le sont
pas toujours subjectivement. La délicatesse de sentiment varie selon les individus et selon les classes
d'individus; en général, les individus et les classes
qui ont a supporter des maux légers en réalité, ont
une sensibilité beaucoup plus subtile.

Les difficultés économiques frappent les riches aussi
bien que les prolétaires; et avec le malaise économique surgissent bien des souffrances, bien des malheurs qui n'épargnent personne, et donnent à tous le
droit de se plaindre.

Or, si tout cela est vrai (et je ne crois pas qu'il
soit possible de le nier), si ce sont vraiment les souffrances et les injustices qui mécontentent le peuple,
— et non pas les théories de celui-ci ou de celui-là,
qui pourront tout au plus l'aigrir — ne devrions-nous
pas avoir un peu d'indulgence pour les éclats subits
du peuple?

(1) Je ne veux pas donner ici les preuves de cette affirmation:
M. FERRI les a déjà données, et de très convaincantes, dans son
volume déjà cité plus haut; M. COLAJANNI aussi, dans sa *Sociologia
criminale* (vol. ii, chap. x, § 127) contre l'opinion de M. ZÜNO,
de M. DE JOHANNIS et d'autres.

Les *plèbes réclamantes*, comme les a appelé M. El-
lero en plein Sénat, forment une grande partie de la
foule criminelle; et leurs souffrances sont une cause
éloignée, mais qu'on ne doit pas oublier, des excès
auxquels elle se laisse aller.

Il arrive pour les soulèvements et pour les tumul-
tes ce qui arrive entre amis, quand l'un d'eux, habituellement tranquille et silencieux, fait une scène
pour une bêtise. — Mais pourquoi se fâche-t-il? Il
n'avait vraiment aucun motif pour cela! — s'écrient
quelques-uns. — Bah! vous ne savez pas! Il a tant
de chagrins chez lui! — répondent les plus intimes.

Le peuple aussi a beaucoup à souffrir chez lui, et
quand l'occasion se présente, son mécontentement
éclate (1).

Parmi les causes qui déterminent les crimes d'une
foule, il ne faut donc pas oublier cette *prédisposition
permanente* du peuple, qui excuse au moins l'intention de ses sorties imprévues.

II.

Après cette digression, qui était cependant nécessaire, revenons à l'analyse psychologique de la foule.

Nous disions, à la fin du chapitre précédent, que
le nombre augmente l'intensité d'une émotion, et,
suivant Espinas, nous donnions la preuve mathéma-

(1) J'ai pris cette comparaison d'une article anonyme publié
dans la *Critica sociale*, 1ᵉ année, N. 15.

tique de ce phénomène, qui est du reste intuitif (1).
Nous devons ajouter maintenant que le nombre n'a
pas seulement cet effet arithmétique, mais qu'il est
en outre, par lui-même, la source d'émotions nouvelles. Le nombre donne, en effet, à tous les membres
d'une foule le sentiment de leur subite et extraordinaire toute puissance. Ils savent qu'ils peuvent faire
valoir leur toute puissance sans contrôle, qu'on ne
pourra ni la juger ni la punir; et cette assurance les
encourage à commettre les actions qu'ils condamnent
eux-mêmes, les sentant injustes.

Toute dictature doit nécessairement arriver à l'arbitre et à l'injustice, car c'est une loi psychologique
que qui peut tout, ose tout (2).

« *Poter mal far, grande è al mal fare invito* »,
a dit Alfieri.

Il est donc naturel que cent, mille, deux-mille individus réunis par le hasard, qui connaissent leur
force, et qui se voient tout d'un coup maîtres d'une
situation, croient avoir le droit d'être des juges, et
parfois même des bourreaux. « La toute puissance subite et la licence de tuer — écrit Taine — sont un
vin trop fort pour la nature humaine; le vertige vient,
l'homme *voit rouge*, et son délire s'achève par la férocité (3) ».

<hr>

(1) Le Cardinal De Retz disait: « *Qui rassemble les hommes, les
agite* ». V. Proal, *Le crime et la peine*, Paris, Alcan, 1892, p. 209.

(2) Jacoby a décrit le degré d'ivresse mentale, d'alcoolisme intellectuel, que produit la toute puissance en ceux qui ont atteint
le pouvoir suprême.

(3) H. Taine, *Les origines de la France contemporaine*. Paris,
Hachette, 1878, 2me édit., tom. I, p. 58. — « Dans le despote, — di-

En de pareils moments, les passions les plus brutales et les plus féroces prennent de nouveaux élatères; on voit paraître tout d'un coup le sauvage, sous les apparences de l'homme civilisé, et pour expliquer ce phénomène il nous faut recourir presque forcément à l'hypothèse déjà indiquée par Barbaste et Lauvergne, d'un réveil subit de cet instinct homicide primordial qui couve comme le feu sous la cendre, et qui n'attend qu'une étincelle pour éclater (1).

Et c'est certainement à cela, outre aux causes *extérieures* déjà signalées, que nous devons attribuer les crimes d'une foule. Car si la description du caractère, ainsi que l'a faite Sergi (2), est positivement vraie, et non pas seulement une belle similitude, il est aussi logique et naturel de supposer que les couches les plus basses du caractère bondissent soudainement, quand une tempête psychologique met notre organisme sans dessus dessous (3).

« Ce n'est cependant pas impunément qu'un homme, surtout un homme du peuple auquel de longs siècles

sait Turiello (œuvr. cit., I, p. 23) — les instincts de Néron et de Marat se retrouvent ». —

(1) Carlyle a dit, je ne sais plus où: « La civilité est une écorce sous laquelle peut brûler vive de son feu infernal la passion sauvage de l'homme ».

(2) Voir G. Sergi, *La stratificazione del carattere e la delinquenza*, dans le volume *Antropologia e scienze antropologiche*. Messina, 1889.

(3) Nous ne faisons ici que signaler à peine cette hypothèse de la *stratificazione* du caractère, car nous nous en occuperons au chapitre suivant.

de civilisation ont enseigné la compassion, devient
tout d'un coup souverain et en même temps bourreau. Il a beau être poussé au crime par son instinct
sauvage qui s'est réveillé en lui; il a beau s'exciter
contre ses victimes en les accablant d'outrages et d'injures; il sent toutefois vaguement qu'il commet une
action énorme, et son âme comme celle de Macbeth
« est pleine de scorpions ».

« Mais alors, par une contradiction terrible, il se
raidit contre l'humanité héréditaire qui tressaille en
lui; elle resiste, il s'exaspère, et, pour l'étouffer, il
n'a d'autres moyens que de se « gorger d'horreurs »
en accumulant les meurtres. Car le meurtre, surtout
tel qu'il le pratique, c'est-à-dire à l'arme blanche et
sur des gens désarmés, introduit dans sa machine
animale et morale deux émotions extraordinaires et
disproportionnées qui la bouleversent, — d'une part
la sensation de la toute-puissance exercée sans contrôle, obstacle ou danger sur la vie humaine et sur
la chair sensible, — d'autre part la sensation de la
mort sanglante et diversifiée, avec son accompagne-
ment toujours nouveau de contorsions et de cris (1) ».

C'est ainsi qu'écrit M. Taine, mais il n'est pas toujours vrai que l'homme veuille, et surtout puisse se
révolter contre la voix intérieure qui lui conseille
d'être humain et compatissant; il n'est pas toujours
vrai que l'homme cède à l'instinct homicide.

S'il est vrai que la multitude commet quelquefois
des atrocités que l'imagination la plus fervide n'a

<hr/>

(1) H. Taine, œuvr. cit., vol. ii, p. 301-302.

jamais ni pensées ni rêvées; il est vrai aussi que parfois elle ne commet pas les crimes monstrueux qu'elle
pourrait commettre.

Près de la foule aveugle, brutale, indomptable, qui
a perdu le sentiment du juste et de l'injuste, et qui
est à l'état de folie furieuse, il y a la foule qui ne
passe pas de certaines limites, qui se repent après
avoir commis un crime, et qui suit les conseils de
celui qui la ramène au calme.

L'histoire de toutes les révolutions, petites ou grandes, politiques ou religieuses ou économiques, est là
pour nous en donner la preuve. Et cette diversité de
manifestations nous démontre implicitement et clairement que les crimes d'une foule n'ont pas pour
seules causes: la suggestion, l'influence du nombre
et l'ivresse morale (si magistralement décrite par
Taine), qui vient de la victoire instantanée de l'ata-
visme sur l'œuvre lente d'une éducation de siècles.

Il y a d'autres causes, et elles viennent de la constitution particulière des différentes foules; du caractère différent des individus qui les composent, parfois
profondément honnêtes, d'autres fois entraînés par
leur nature même, au crime.

C'est de ces causes, de leur importance et de leur
efficacité, que nous allons nous occuper, examinant
les différentes manifestations criminelles auxquelles
la multitude arrive, dans les différents cas.

III.

Nous parlerons avant tout de la foule, qui avec une rapidité étonnante arrive à commettre les actes de férocité et de cruauté les plus atroces. Aucun exemple ne pourrait être meilleur que ceux que nous offrent certains épisodes de la Révolution française.

Le peuple était alors une bête fauve, insatiable dans sa soif de rapine et de sang. Rien ni personne ne pouvait mettre un frein à sa fureur: après avoir soulagé son instinct sanguinaire et féroce, il se déchaînait plus terrible et plus épouvantable qu'auparavant.

Mais, était-ce vraiment la seule influence du nombre, et le réveil soudain de l'instinct homicide qui le poussaient aux extrèmes, au point de lui faire commettre de pareils excès? Etait-ce vraiment un peuple d'ouvriers et de paysans honnêtes, qui devenait tout d'un coup un monstre de perversité? Ou plutôt ne s'y mêlaient-ils pas, pour le corrompre, tous les individus qui constituent les bas fonds sociaux — *le troisième dessous* — dirait Victor Hugo, — et qui à chaque soulèvement et à chaque révolte, sortent des tavernes et des mauvais lieux où ils se cachent habituellement, de même que, quand on agite l'eau d'un étang, toute la fange qui est au fond monte à la surface?

« Dans les temps calmes, alors que les passions politiques apaisées ne donnent pas chaque matin assaut au pouvoir, l'administration de la police exerce sur les souteneurs, sur les flâneurs, sur les vagabonds, sur tout ce monde ignoble un empire moral qui les retient un peu. Ils ne vivent qu'en se cachant, et l'approche des agents les fait fuir. Mais qu'il survienne un réveil d'opinion, que la presse quotidienne devienne agressive contre l'autorité, qu'elle entreprenne une campagne contre la légalité des actes du Préfet de police; immédiatement ces gens-là deviendront arrogants et lèveront la tête. Ils résisteront aux agents et lutteront contre eux; ils prendront part à toutes les séditions, et si une nouvelle mesure les frappe, ils se poseront en victimes politiques. Vienne une révolution, eux et leurs maîtresses qu'ils entraînent avec eux en deviendront les agents les plus cruels, les plus redoutables (1) ».

— « La classe des gens sans profession — ajoute M. Gisquet — (classe nombreuse, composée d'hommes presque sans asile, dont les penchants vicieux ont secoué le frein des lois et de la morale; en un mot, ce que M. Guizot appelle avec raison le *caput mortuum* de la société), — ne présente, relativement au nombre, qu'une fraction minime de la population; mais en tenant compte des prédispositions qu'engendrent la paresse et la misère, en supputant les mauvaises passions qui y fermentent, *c'est là surtout que gît la force brutale qui menace de tout bouleverser*. Cette masse d'individus mal famés se recrute incessamment et se grossit dans les temps de troubles, des aventuriers, des hommes tarés, perdus de dettes et de

(1) CARLIER. *Les deux prostitutions*, p. 229.

réputation dans les départements, et qui viennent chercher un refuge à Paris. On peut encore, sans injustice, joindre quelques habitués de tabagie, de mauvais lieux, en un mot, les mauvais sujets de toute espèce; et lorsque la turbe impure a été mise en mouvement par les passions politiques, il vient s'y réunir les hommes à imagination desordonnée, éprouvant le besoin d'émotions fortes, et qui les trouvent dans les drames de la rue, dans les commotions populaires (1) ». —

Chacun sait par expérience combien cela est vrai. Lorsque on voit quelque orage politique poindre à l'horizon, et une animation extraordinaire se manifeste dans les rues par des rassemblements et des chamaillis, on voit aussitôt çà et là des figures sinistres que personne n'a jamais rencontrées. Tout le monde se fait la même demande: d'où sortent donc ces individus? Et tous pensent instinctivement à ces animaux immondes, qui sortent de leur caverne quand ils flairent de loin l'odeur de charogne (2).

A Paris, das les terribles journées de 1793, tous ces individus furent l'âme des méfaits qui s'y commirent.

Un témoin oculaire raconte qu'« un grand nombre de vagabonds étrangers à la ville de Paris, et

(1) *Mémoires de* M. Gisqult, écrits par lui-même, tom. i, pag. 205, Bruxelles, 1841. — Voir aussi, à ce propos, le livre de Macé: *Le service de la sûreté*, Paris, 1885, chap. xii, — et celui de P. Ceré, *Les populations dangereuses et les misères sociales*, Paris, 1872, chap. ix et xviii.

(2) Voir Joly, *La France criminelle*.

qui s'y étaient établis aussitôt après les premiers signes de la révolution, parcouraient les quartiers de
la ville, et grossissaient leur nombre en s'unissant
aux ouvriers qui sortaient des ateliers. Ils s'étaient
emparés, de ci de là, de toutes sortes d'armes, et jetaient des cris de révolte. Les habitants s'enfuyaient
à l'approche de ces groupes, toutes les maisons étaient
fermées, et, là où on ne rencontrait pas ces hordes
frénétiques, les rues paraissaient désertes et inhabi-
tées. Quand j'arrivai chez moi, dans le quartier Saint
Dénis, un des plus peuplé de Paris, beaucoup de ces
brigands tiraient des coups de fusil en l'air, pour
jeter l'épouvante dans la population (1) ».

Ces abominables êtres ne se bornaient pas à un
petit nombre, car Droz (2) en faisait monter le chiffre à 40.000 individus, lesquels Bailly (3) et beaucoup
d'autres après lui crurent enrôlés, on ne sait par
qui. Ils entraient dans les maisons particulières, dans
les bureaux publics, et volaient tout ce qu'ils pouvaient emporter; ils dévastaient le reste, souvent en
y mettant feu. L'autorité avait essayé de donner de
l'ouvrage à vingt mille de ces individus sur les hauteurs de Montmartre; mais un grand nombre d'entre
eux s'étaient unis à des contrebandiers, et parcouraient
la ville.

(1) MATHIEU-DUMAS, *Souvenirs*. Tom. I, p. 431.

MEISSNER, en parlant des vagabonds de la révolution française,
disait qu'ils étaient de vraies associations organisées pour commettre sans châtiment toute espèce d'assassinat, de rapine et de
brigandage. —

(2) DROZ, *Histoire du règne de Louis XVI*, vol. II, p. 230.

(3) BAILLY, *Mémoires*, tom. I passim.

— « Ils entrent au couvent de Saint-Lazare — écrit
M. Taine — et ils le pillent. Ils pénètrent dans le
garde-meuble et ils le dévastent. On en voit sortir
des gens en haillons, dont les uns étaient couverts
d'armures antiques, d'autres portaient des armes pré-
cieuses par leur richesse ou par leurs souvenirs his-
toriques ; un d'eux avait dans les mains l'épée de
Henri IV (1) ».

— « Et ce sont ces criminels par habitude — dit
justement M. Joly — les auteurs des massacres ; ce sont
eux qui font cortège à la guillotine, et qui se dispu-
tent l'honneur des fusillades (2) ». Et leurs femmes
ne tardent pas à s'en mêler ; car ceux qui, sous un
nom ou sous un autre vivent de la prostitution, dis-
posent toujours d'un grand nombre d'individus toujours prêts à allier à la débauche, le vol et l'assassinat.

(1) TAINE, *La Révolution*, I, p. 18.
(2) H. JOLY, *La France criminelle*, Paris, 1889, p. 408.
M. DU CAMP, exagérant cette idée vraie de Joly, écrivait à propos des atrocités commises par les communards en 1870 : « Ce n'é-
taient que des malfaiteurs, qui ont invoqué des prétextes parce
qu'ils n'avaient point de bonne raison à donner : les assassins ont
dit qu'ils frappaient les ennemis du peuple, et ils ont tué les
plus honnêtes gens du pays ; les voleurs ont dit qu'ils reprenaient
le bien de la nation, et ils ont pillé les caisses publiques, démeu-
blé les hôtels particuliers, dévalisé les caisses municipales ; les
incendiaires ont dit qu'ils élevaient des obstacles contre l'armée
monarchique, et ils ont mis le feu partout ; — les ivrognes seuls
ont été de bonne foi : ils ont dit qu'ils avaient soif, et ils ont
défoncé les tonneaux. Les uns et les autres ont obéi aux impulsions de leur perversité : mais la question politique était le dernier de leurs soucis ». — Voir *Les convulsions de Paris*, vol. I,
pag. XII.

En ce cas, les femmes ne se contentent pas d'accompagner les hommes, mais elles les poussent au mal et les y encouragent, et souvent elles les surpassent en hardiesse et en cruauté. « Dans plus d'un cas, écrit Maxime Du Camp, la victime aurait pu être sauvée, si la femme n'était intervenue, n'avait dit aux hommes hésitants: *Vous êtes des lâches!* et bien souvent n'avait porté le premier coup (1) ».

(1) V. *Les convulsions de Paris,* tom. IV, p. 152. — Le même auteur raconte cet épisode de la commune: « .... les sentinelles aperçurent un homme qui marchait d'un bon pas: Halte-là! On l'interrogea, on l'examina. Il avait des moustaches, donc c'est un gendarme. La foule criait: Fusillez-le! c'est un gendarme! il faut en manger! — Dans cette bande une femme se distinguait par ses vociférations; elle avait un fusil en main et une cartouchière à sa ceinture; elle s'appellait Marceline Epilly. Il est superflu de dire que l'homme fut condamné à mort à l'unanimité. Il fut conduit rue de la Vacquerie et appliqué contre un mur. Il était énergique, il se jeta sur ses meurtriers et en renversa plusiers à coups de tête. D'un croc-en-jambe, on le jeta bas et on tira sur lui. Sanglant et ayant le bras gauche fracassé, il se releva. Marceline cria: Laissez-moi faire! Laissez-moi faire! Elle appliqua le fusil sur la poitrine du pauvre homme et fit feu. Il tomba, et comme il remuait encore, elle lui donna le coup de grâce ». —

Voir aussi Michelet, *Les femmes dans la Révolution française.* — L'observation que la femme perverse est pire que l'homme pervers, avait déjà été faite (entre autres, par Lombroso), à propos du crime individuel. On peut en dire autant, à propos du crime collectif. Si la femme est prise par le vertige du sang, elle devient une hyène, et ne connait plus ni bornes ni frein. — Voir G. Ferrero, *La crudeltà e la pietà nella femmina.*

Il est juste d'ajouter que, si la femme est cruelle, elle est aussi courageuse, ce qui, du reste, est bien naturel, car la cruauté et le courage ont beaucoup de points de contact, et la même origine.

Parmi les dégénérés, les criminels ne furent pas les seuls qui prirent part à la révolution; on y vit aussi les fous. Sortis des hôpitaux, — dont la foule révolutionnaire leur avait ouvert les portes, — ils purent s'abandonner librement à leur délire sur les places et dans les rues, mieux que dans leur cellule solitaire. Un grand nombre de ces malheureux, parcoururent Paris, portant partout le désordre et la terreur.

« Le fils d'une folle — raconte Tebaldi (1) — qui alternait habituellement son séjour entre l'hôpital des fous et la prison, fut un des auteurs les plus impitoyables dans les perquisitions, les massacres, les incendies. Et la plus célèbre entre tous fut Lambertine Théroigne, cette héroïne du sang, qui guida la foule à l'assaut des Invalides et à la prise de la Bastille, — et qui mourut à la Salpétrière, se traînant nue sur les genoux et sur les mains, et fouillant les ordures du plancher (2).

Dans la révolution française, il n'y a qu'un seul exemple de lâcheté féminine : la Dubarry. Dans la commune, un historien écrivit que : — aux derniers jours, les femmes tinrent derrière les barricades plus longtemps que les hommes. —

(1) Tebaldi, *Ragione e pazzia*, p. 87. Milan, Hœpli, 1887.

(2) Voyez Esquirol, *Des maladies mentales*, Paris, 1838. A la quatrième feuille de l'*album* se trouve le portrait de la Théroigne. — Pour plus de détails sur l'influence des fous dans les révolutions et sur la part qu'ils y prennent, voyez les ouvrages de Jules Clerc, *Les hommes de la Commune*, biographie complète de tous ses membres. Paris, 1871; — de J. V. Laborde, *Les hommes de la Commune, ou l'insurrection de Paris devant la psychologie morbide*, Paris, 1872; — et de M. Du Camp, *La Commune à l'Hôtel de Ville* (*Revue des deux mondes*, 1879).

Criminels, fous, fils de fous, victimes de l'alcool (1), la boue sociale, privée de tout sens moral, rompue au crime, — composait donc la plus grande partie des révoltés et des révolutionnaires.

Mêlez à la foule inconsidérée et, par sa nature, docile à toute impulsion, ces individus; ils lui communiqueront leur cruauté et leur folie. Comment s'étonner alors que les actes de cette foule soient cruels?

Là où, à cause de la confusion, personne ne commande et personne n'obéit, les passions sauvages sont libres comme les passions généreuses; et malheureu-

---

(1) On doit remarquer que le nombre des fous est toujours grand dans les révolutions et dans les révoltes, non seulement parce que les fous y prennent part s'ils le peuvent, mais aussi parce que les grandes commotions publiques, politiques ou religieuses, font devenir fous ceux qui étaient *seulement prédisposés* à la folie, même d'une manière légère. Cela a été prouvé statistiquement, pour la première fois, je crois, à la fin du siècle passé par PINEL, le fondateur de la Psychiatrie moderne. — Après lui, BELHOMME dans son œuvre: *Influences des commotions politiques* (Paris, 1872), fait remarquer la forte récrudescence des fous dûe aux révolutions de 1831, 1832, et de 1848. BERGERET signalait le même phénomène *(La politique et la folie* dans la *Gazette des hôpitaux,* avril et mars 1886) pour la même révolution de 1848. LUNIER dans le volume: *Influences des événements et des commotions politiques sur le développement de la folie* (Paris 1879), disait que les tristes événements de 1870-1871 avaient été la cause de 1700 à 1800 cas de folie, du 1ʳ juillet 1870 au 31 décembre 1871. RAMOS-MEYIA, *(Las nevrosis de los hombres celebres en la historia Argentina,* Buenos-Ayres, 1878) montrait une opinion semblable, quant aux effets des révolutions arrivées à Buenos-Ayres, après 1816. — Voyez aussi: LEGRAND DU SAULLE, *Le délire des persécutions,* Paris, Delahaye, 1873, au dernier chapitre.

sement les héros — qui ne manquent pas — sont impuissants à retenir les assassins. Ceux-ci agissent; la majorité, composée d'automates qui se laissent entraîner, assiste sans savoir et sans pouvoir réagir.

Pour augmenter la cruauté des vrais criminels et l'irritation de tous, outre l'ivresse morale que donne le nombre même, ajoutez l'ivresse physique, le vin bu à profusion, l'orgie sur les cadavres, et tout d'un coup « de la créature dénaturée, on verra sortir le démon de Dante, à la fois bestial et raffiné, non seulement destructeur, mais encore bourreau inventeur et calculateur, glorieux et joyeux des douleurs qu'il fait souffrir (1) ».

« Pendant les longues heures de la fusillade — écrit Taine — l'instinct meurtrier s'est éveillé, et la volonté de tuer, changée en idée fixe, s'est répandue au loin dans la foule qui n'a pas agi. Sa seule clameur suffit à la persuader; à présent, c'est assez pour elle qu'un cri de haro; dès que l'un frappe, tous veulent frapper. Ceux qui n'avaient point d'armes — dit un officier — lançaient des pierres contre moi: les femmes grinçaient des dents et me menaçaient de leurs poings. Déjà deux des mes soldats avaient été assassinés derrière moi.... J'arrivai enfin, sous un cri général d'être pendu, jusqu'à quelques centaines de pas de l'Hôtel de Ville, lorsqu'on apporta devant moi une tête perchée sur une pique, laquelle on me présenta pour la considérer, en me disant que c'était celle de

(1) H. TAINE, *Les origines de la France contemporaine*, vol. II, p. 302.

M. de Launay, le gouverneur. Celui-ci, en sortant,
avait reçu un coup d'épée dans l'épaule droite ; arrivé
dans la rue Saint-Antoine, tout le monde lui arra-
chait les cheveux et lui donnait des coups. Sous l'ar-
cade Saint-Jean il était déjà très blessé. Autour de
lui les uns disaient : — il faut lui couper le cou ; —
les autres : — il faut le pendre ; — les autres : — il
faut l'attacher à la queue d'un cheval. — Alors, dé-
sespéré, et voulant abréger son supplice, il crie : —
qu'on me donne la mort ! — et en se débattant, il
lance un coup de pied dans le bas-ventre d'un des
hommes qui le tenaient. A l'instant il est percé de
bajonettes, on le traîne dans le ruisseau, on frappe
sur son cadavre en criant : — C'est un galeux et un
monstre qui nous a trahi ! — La nation demande sa
tête pour la montrer au public, et l'on invite l'homme
qui a reçu le coup de pied à la couper lui même. Celui-
ci, cuisinier sans place, demi-badaud qui est allé à la
Bastille pour voir ce qui s'y passait, juge que, puisque tel est l'avis général, l'action est patriotique, et
croit même mériter une médaille en détruisant un
monstre. Avec un sabre qu'on lui prête, il frappe sur
le col nu ; mais le sabre mal affilé ne coupant point,
il tire de sa poche un petit couteau à manche noir,
et — comme en sa qualité de cuisinier il sait tra-
vailler les viandes — il achève heureusement l'opé-
ration. Puis, mettant la tête au bout d'une fourche
à trois branches, et accompagné de plus de deux-cents
personnes armées, sans compter la populace, il se met
en marche, et, rue Saint-Honoré, il fait attacher à la
tête deux inscriptions pour bien indiquer à qui elle

était. — La gaieté vient: après avoir défilé dans le Palais-Royal, le cortège arrive sur le Pont Neuf; devant la statue de Henri IV, on incline trois fois la tête, en lui disant: — Salue ton maître! — C'est la plaisanterie finale; il y en a dans tout triomphe, et, sous le boucher, on voit apparaître le gamin (1) » —.

Quand la foule en est arrivée à cet état où il ne lui suffit plus de tuer, mais elle veut que la mort soit accompagnée des plus atroces supplices et des plus affreux outrages, — quand l'instinct sanguinaire en est arrivé à un tel point de frénésie, les instincts de luxure ne tardent pas à s'éveiller aussi en elle. Cruauté et luxure font la paire, et l'une augmente la vigueur de l'autre. Comme l'individu dégénéré qui rattriste la poésie de l'amour par les tourments et par le sang (2), la foule augmente la lâcheté de l'assassinat par les offenses contre la pudeur, et cette folie obscène de

(1) H. TAINE, ouvr. cit., vol. I, p. 58-60.

(2) LOMBROSO (Delitti di libidine e di amore, dans les Arch. de psich., vol. IV, et ensuite dans l'Uomo delinquente, vol. I) a étudié l'union de la luxure et de l'instinct homicide, démontrant comment l'homicide accompagne parfois le viol, parfois le substitue, excitant dans son auteur les mêmes jouissances. « Un tel, que les prostituées appelaient le bourreau, faisait précéder à chaque congrès le martyr ou la mort de plusieurs poules ou de pigeons ou d'oies. — Un autre blessa grièvement 15 jeunes personnes en peu de mois, les frappant d'un couteau dans la vulve, parce qu'il contentait ainsi ses appétits sexuels, ainsi qu'il le confessa lui-même. « Ce plaisir sensuel de faire couler le sang, de blesser, de piquer avant le coït est, selon ce que dit Lombroso entièrement atavistique, des temps où l'amour se gagnait par la lutte et par le sang. Or donc, comme il arrive à quelques criminels-nés, cet instinct renaît de même dans la foule, montrant

luxure et de sang trouve parfois dans le cannibalisme
le dernier degré d'abjection.

— « Tous les monstres qui rampaient enchaînés
dans les bas-fonds du cœur sortent à la fois de la caverne humaine, non seulement les instincts haineux
avec leurs crocs, mais aussi les instincts immondes
avec leur bave, et les deux meutes réunies s'achar-
nent sur les femmes que leur célébrité infâme ou glo-
rieuse a mises en évidence, sur Mme de Lamballe, amie
de la reine, sur la Desrues, veuve du fameux empoi-
sonneur, sur une bouquetière du Palais-Royal, qui,
deux ans auparavant, dans un accès de jalousie a
mutilé son amant, un garde français. Ici à la férocité s'adjoint la lubricité pour introduire la profa-
nation dans la torture et pour attenter à la vie par
des attentats à la pudeur. Dans Mme Lamballe, tuée
trop vite, les bouchers libidineux ne peuvent outra-
ger qu'un cadavre; mais pour la Desrues (1), surtout

ainsi une autre analogie entre la psychologie criminelle individuelle et la psychologie criminelle collective.

Parini chanta des matrones romaines, ivres de sang dans le
cirque:

> Così, poi che dagli animi
> Ogni pudor disciolse,
> *Vigor dalla libidine*
> *La crudeltà raccolse;*

— V. Tebaldi, œuvr. cit., p. 71.

Il décrivait avec l'intuition d'un poëte, cette union de la férocité et de la luxure, que les hommes de science expliquent aujourd'hui comme une déformation morbide du sentiment. — Voyez
Krafft-Ebing, *Le psicopatie sessuali*, Torino, Bocca, 1889.

(1) « Elle poussait des cris horribles pendant que les brigands
s'amusaient à lui faire des indignités. Son corps n'en fut pas

pour la bouquetière, ils retrouvent, avec les imaginations de Néron, le cadre de feu des Iroquois. De l'Iroquois au cannibale la distance est courte et quelques-uns la franchissent. A l'Abbaye, un ancien soldat, nommé Damiens, enfonce son sabre dans le flanc de l'adjoint général de Laleu, plonge sa main dans l'ouverture, arrache le cœur, — et le porte à sa bouche comme pour le dévorer. — Le sang — dit un témoin oculaire — dégouttait de sa bouche et lui faisait une sorte de moustache. A la Force on dépèce Mme Lamballe; ce qu'a fait le perruquier Charlot qui portait sa tête, je ne puis l'écrire; je dirai seulement qu'un autre, rue Saint-Antoine, portait « son cœur » et le mordait (1) ». —

On pourrait répéter ici ce que disait Maxime Du Camp, à propos d'un fait analogue: « que c'était des fous, et que leur place était marquée à Charenton, dans la division des agités (2) ».

Il ne s'agit plus ici seulement de la folie morale du criminel-né, qui n'endommage pas la faculté intellective; il s'agit d'un vrai délire, qui sépare de tous ses semblables celui qui commet ces actions infâmes.

---

exempt après sa mort ». — V. RÉTIF DE LA BRETONNE, *Les nuits de Paris*, p. 388.

J'ajoute ici que, selon ce que dit GONCOURT *(Histoire de la société française*, p. 250), les femmes condamnées en 1791, se masturbaient pendant qu'elles étaient à la gogne. Le phénomène, bien qu'il ne soit pas tout à fait le même, dans les causes, que ceux du texte, est cependant analogue.

(1) H. TAINE, *Les origines de la France contemporaine*, II, p. 303-304.

(2) M. DU CAMP, *Les convulsions de Paris*, IV, p. 151.

Et, que la foule soit à l'état de folie réelle, nous en avons la preuve, non seulement dans l'énormité des crimes qu'elle commet, mais aussi dans le peu de réflexion qu'elle fait avant de les exécuter. La foule préfère tuer ses amis (au moins, ceux qu'elle croit tels) avec ses ennemis, plutôt qu'attendre qu'ils se soient éloignés d'eux. « Pendant la fusillade des otages, un communard jeta son fusil à terre, saisit chacun des prêtres par le corps, et, au milieu des applaudissements de la foule, les souleva et les lança au delà du mur. Le dernier prêtre opposa quelque résistance, et tomba entraînant le fédéré avec lui. Les assassins impatients ne voulurent pas attendre : ils firent feu et ..... tuèrent leur compagnon aussi bien que le prêtre (1) ».

C'est absolument le crime fou, sans cause et sans but; — c'est la frénésie, qui ne raisonne pas et qui ne comprend pas, naturelle conséquence de l'ivresse produite par le sang et par les fusillades, par les cris et par le vin; — c'est la *folie de la poudre*, diraient les Arabes, qui se dégage après le combat; c'est la folie, disons-nous, qui ramène l'homme à ses instincts atavistiques, car elle se montre la même dans les ani-

---

(1) M. DU CAMP, œuvr. cit. — M. DESJARDINS, dans son étude : *Le droit des gens et la loi de Lynch aux États-Unis*, raconte un fait analogue: « Dans le village de Salina, au Colorado, on avait arrêté un voleur, qui avait tué celui qui l'avait pris sur le fait. La foule l'arrache à sa prison, l'entraîne jusqu'au chemin de fer, et là le pend à un pieu. A ce moment là, passait le train qui venait de Marshall; la foule irritée tira plusieurs coups de fusil qui blessèrent plusieurs voyageurs qui regardaient par la fenêtre ».

maux les plus bas, après la lutte. « Il arrive souvent
qu'à la fin du combat — raconte Forel — les fourmis amazones sont prises d'une fureur telle qu'elles
mordent tout ce qui les entourent, les larves, leurs
compagnes, leurs esclaves même, qui cherchent à les
calmer et essayent de les tenir par les pattes tant
que dure leur colère (1) ».

La foule aussi arrive à ce degré, et c'est la dernière phase de sa corruption intellectuelle et morale.

IV.

Près de cette multitude qui ne connait pas de limites et qui descend avec une rapidité vertigineuse
jusqu'au dernier degré de la brutalité la plus lâche,
nous voulons évoquer ici le souvenir d'autres multitudes qui résistèrent aux étranges et puissantes influences qui les poussaient au crime.

Cette comparaison ne sera pas sans utilité.

« Au mois de mai 1750, est-il dit dans l'*Histoire
du dix-huitième siècle*, la police procédait, avec beaucoup de violence, à l'un de ces enlèvements pério-
diques de mendiants qu'elle était dans l'usage de faire.
Quelques enfants, sans qu'on ait pu savoir le motif
d'une telle barbarie, furent arrachés des bras de leurs
mères; celles-ci remplissaient les places publiques des
cris de désespoir. On s'attroupe, on s'excite; partout
s'offrent des mères désolées. Les unes rapportent que

---

(1) FOREL, *Les fourmis*, cit. par FERRI. — *Evoluzione nell'omicidio*, dans l'*Arch. de psych.*, etc., vol. III, p. 299.

des agents de police demandaient de l'or pour rendre
leurs enfants; les autres s'ingéraient en conjectures
sur le sort qui leur était réservé. Une fable odieuse
circulait dans le peuple: on fit de Louis XV un autre
Hérode, qui allait renouveler le massacre des inno-
cents. Des médecins, disait-on, lui avaient conseillé
de prendre des bains de sang humain, pour le réta-
blissement de sa santé usée par la débauche. La populace se mit donc à faire la guerre aux exempts de
la police. L'un d'eux fut tué; beaucoup d'autres, maltraités. M. Berryer (préfet de police) fut cerné dans
son hôtel; il s'évada par les jardins. La fureur des
assaillants était au comble; on parlait d'escalader
les murailles, lorsqu'un officier de police, plus intré-
pide que son chef, fit ouvrir soudainement les portes. A cette vue, le peuple s'arrêta et respecta cette
maison ouverte: il recula, et avant peu, on le vit
fuir dans les directions du boulevard et de la place
Vendôme (1) ».

(1) Charles Lacretelle, *Histoire du dix-huitième siècle.* — V.
les *Mémoires tirés des Archives de la Police de Paris,* par F.
Pleuchet, tome ii, p. 129.

Gisquet *(Mémoires* déjà cités, vol. ii, p. 129) raconte un fait
semblable, arrivé à Paris en 1832, pendant que le choléra rava-
geait la ville: — « ....deux imprudents fuyaient, poursuivis par
des milliers de forcénés, qui les accusaient d'avoir donné à des
enfants une tartine empoisonnée. Les deux hommes se cachent
à la hâte dans un corps de garde; mais le poste est dans un
instant cerné, menacé, et rien n'aurait pu dans ce moment empêcher le massacre de ces individus, si le commissaire de police
Jacquemin et l'ancien officier de paix Henricy, qui se trouvaient
sur ce point, n'avaient eu l'heureuse pensée de se partager et

Cette conduite — ajoute Lacretelle — est fort explicable, si l'on songe que, comme les loups qu'on met en fuite en battant le briquet, les émotions qui ont pour cause et pour but quelque cruauté ou quelque folie, cèdent à la première manifestation de calme et d'énergie.

Il est vrai que cette conduite est fort explicable, mais non pas de la manière que l'explique Lacretelle.

Nous l'avons bien vu, dans les pages précédentes, si les émotions cruelles cèdent toujours à une manifestation de calme et d'énergie! Malheureusement cela arrive bien rarement, et quand cela arrive, la cause n'est généralement pas dûe à une influence extérieure qui vainq et dompte la foule soudainement, mais aux facultés propres à la foule même.

Dans la grande révolution de 1793 et dans la petite révolte de 1750, le motif, pour lequel la multitude était agitée, n'était pas le même, mais on peut le considérer équivalent, sous le rapport psychologique.

Je crois même que la pensée du peuple, — que ses enfants lui étaient volés et qu'ils servaient à un caprice sauvage du roi, — le poussait plus facilement à la révolte, que la pensée abstraite d'une réforme politique, si désirée qu'elle fût. Le coëfficient extérieur, qui poussait les deux foules au crime, était donc le même, dans les deux cas; mais les événements ne

de manger la tartine aux yeux de la foule. Cette présence d'esprit fit aussitôt succéder l'hilarité à la fureur, tant il faut peu de chose quelquefois pour porter jusqu'au paroxisme la rage du peuple ou pour la calmer ».

furent pas les mêmes. Et pourquoi cela? Parceque
les deux foules étaient anthropologiquement différentes. C'est là la seule raison qu'on puisse donner lo-
giquement.

Les rassemblements qui obstruaient les rues de
Paris en 1793, étaient, pour la plus grande partie,
composés de malfaiteurs, prêts à s'abandonner de toutes les manières à leurs instincts pervers; ils étaient
aussi composés de fous et de dégénérés de toute espèce, facilement excitables, et qui, à cause de leur faiblesse psychique, se laissaient facilement entrainer à
tous les excès. Tandis que la multitude des révoltés
en 1750 n'était composée que de gens du peuple, d'ouvriers, de pères et de mères de famille qui tremblaient
pour la vie de leurs enfants....

Cette foule qu'un motif sacré avait faite rebelle,
poussée à bout, aurait peut-être pu, par l'influence
du nombre, en arriver au crime (1). Elle se calma

(1) MANZONI dans la page suivante des *Promessi Sposi* (chap.
XIII), décrit admirablement bien la composition d'une foule, et
démontre quels sont les motifs pour lesquels la foule arrive parfois au crime, tandis que parfois elle se calme et se disperse:
— «Nei tumulti popolari c'è sempre un certo numero d'uomini
che, o per un riscaldamento di passione, o per una persuasione
fanatica, o per un disegno scellerato, o per un maledetto gusto
del soqquadro, fanno di tutto per ispingere le cose al peggio;
propongono e promuovono i più spietati consigli, soffian nel fuoco
ogni volta che principia a illanguidire; non è mai troppo per co-
storo; non vorrebbero che il tumulto avesse fine, nè misura. Ma
per contrappeso, c'è sempre anche un certo numero d'altri uomini che, con pari ardore e con insistenza pari, s'adoprano per
produr l'effetto contrario; taluni mossi da amicizia o da parzia-
lità per le persone minacciate; altri senz'altro impulso che d'un

soudain, devant l'acte confiant et courageux de l'officier, et eut horreur de l'acte infâme qu'elle allait
commettre.

pio e spontaneo orrore del sangue e dei fatti atroci. In ciascuna
di queste due parti opposte, anche quando non ci siano concerti
antecedenti, l'uniformità dei voleri crea un concerto istantaneo
nelle operazioni. Chi forma poi la massa, e quasi il materiale del
tumulto, è un miscuglio accidentale d'uomini, che, più o meno,
per gradazioni indefinite, tengono dell'uno e dell'altro estremo:
un po' riscaldati, un po' furbi, un po' inclinati a una certa giustizia, come l'intendon loro, un po' vogliosi di vederne qualche-
duna grossa, pronti alla ferocia e alla misericordia, a detestare
e ad adorare, secondo che si presenti l'occasione di provar con
sicurezza l'uno e l'altro sentimento; avidi ogni momento di sa-
pere, di credere qualche cosa grossa, bisognosi di gridare, d'ap-
plaudire a qualcheduno, o d'urlargli dietro. Viva e muoia, son le
parole che mandan fuori più volontieri; e chi è riuscito a per-
suaderli che un tale non meriti d'essere squartato, non ha bi-
sogno di spender più parole per convincerli che sia degno di
esser portato in trionfo: attori, spettatori, strumenti, ostacoli, secondo il vento; pronti anche a stare zitti quando non sentan più
grida da ripetere, a finirla quando manchino gli istigatori, a sban-
darsi quando molte voci concordi e non contraddette abbiano
detto: Andiamo, — e a tornarsene a casa, domandandosi l'uno
con l'altro: Cos'è stato? — Siccome però questa massa, avendo la
maggior forza, la può dare a chi vuole, così ognuna delle due
parti attive usa ogni arte per tirarla dalla sua: sono quasi due
anime nemiche, che combattono par entrare in quel corpaccio,
e farlo muovere. Fanno a chi saprà spargere le voci più atte a
eccitar le passioni, a dirigere i movimenti a favore dell'uno o
dell'altro intento; a chi saprà più a proposito trovar le nuove
che riaccendano gli sdegni, o gli affievoliscano, risveglino le spe-
ranze o i terrori; a chi saprà trovare il grido, che, ripetuto dai
più e più forte, esprima, attesti e crei, nello stesso tempo, il voto
della pluralità per l'una o per l'altra parte ».

Cette conduite reflète, dans sa forme collective, ce qui arrive parfois, individuellement, à un criminel par passion. Sa colère s'évanouit et il laisse tomber son arme, si vous vous présentez devant lui sans défense, ou si vous réussissez de quelque autre manière à le calmer et à le reconduire à son état normal. Et cela, parceque le crime qu'il allait commettre était la conséquence d'une folie momentanée; celle-ci ayant cessé, il n'a plus le courage de commettre le crime; il *ne peut plus* le commettre.

Ce renoncement volontaire, qui n'est pas possible à un délinquant-né, n'est pas possible non plus à une foule qui renferme de vrais délinquants, et qui est déjà montée à un haut degré de paroxisme. Croire que l'on puisse la dompter par le calme et l'énergie, est exactement la même chose que de croire que l'on peut dompter par le calme et l'énergie l'assassin qui vous attaque de nuit en pleine route, ou le fou furieux qui vous menace. Les égorgeurs de septembre 1793 a Paris « ne pouvaient plus s'arrêter », dit un historien, et la conduite héroïquement sereine des victimes n'imposait pas silence à leur soif de sang. C'était, sans doute, l'ivresse de ces moments horribles qui les avait réduits à cet état; mais c'était aussi leur organisation physiologique et psychologique qui les poussait à se faire bourreaux.

Je me souviens de deux procès récents, qui peuvent nous servir comme preuve indiscutable de ce que je viens de dire jusqu'ici : deux procès semblables, quant aux causes, mais différents quant aux

résultats: celui qui a eu lieu pour la grève de Décazeville en 1886, et celui des *faits du 8 février* à
Rome, en 1889.

Le 26 janvier 1886, les ouvriers des minières de Décazeville se décident à abandonner le travail.

Conduits par Bedel, ancien mineur renvoyé, ils vont
trouver l'ingégneur Watrin, directeur en chef des minières, le forcent à abandonner son bureau, et l'entraînent au milieu des cris à la mairie. Là, les ouvriers exposent le programme de leurs réclamations.

La première condition est la démission immédiate
de Watrin. Celui-ci refuse, parce que son devoir est
de rester à son poste. Quand il quitte la mairie, 1800
ouvriers en grève le reçoivent par un cri de mort.
Watrin se sauve dans une maison qui est proche, et
monte au premier étage. La foule furieuse jette des
pierres aux carreaux ; on applique une échelle contre
le mur, et plusieurs ouvriers y grimpent. Les autres
après avoir jeté la porte à bas, se précipitent dans
la maison, comme un torrent impétueux qui a rompu
les digues. Un mineur les guide, armé d'un garrot.
Watrin entend la foule qui monte, et courageuse-
ment, avec le sang-froid qui ne l'abandonna jamais
en cette journée suprême, il ouvre la porte de la chambre et se présente seul devant les assaillants.

Cet acte de calme et d'énergie aurait dû vaincre
la foule, selon Lacretelle ; malheureusement, en ce cas,
la foule n'était pas de celles qui se répentent et qui
se dispersent.

Bedel frappe Watrin d'un coup de bâton et lui découvre l'os frontal ; l'ingégneur Chabaud essaye en

vain de défendre Watrin; un autre ouvrier, Bas-
sinet, lui lance à la tête la porte de la chambre.
Le maire de Décazeville supplie Watrin de céder et
de donner ses démissions. Celui-ci, presque sans connaissance et aveuglé par le sang, se laisse entraîner
à une table, où il se prépare à écrire. Le maire court
à la fenêtre, où il espère calmer la foule en lui an-
nonçant que Watrin donne ses démissions.

Un cri furieux est la réponse:

« Ce n'est pas sa démission qu'il nous faut, c'est sa
peau ! ».

Watrin est saisi par trois misérables qui le portent à la fenêtre et le jettent dans la rue, la tête la
première. Watrin se brise le crâne sur le pavé, reste
sans mouvement, et râle. La foule infâme l'entoure
aussitôt, le foule aux pieds, déchire ses habits, lui
arrache les cheveux ..... enfin on arrive à ôter des
mains de ces bêtes féroces le mourant que l'on trans-
porte à l'hôpital (1).

(1) EMILE ZOLA, dans *Germinal* fait un tableau merveilleux de
cette perversion pathologique de la foule qui, non contente d'a-
voir tué celui qu'elle haïssait, commet les infamies plus cruelles
contre le cadavre: « .... la cervelle avait jailli. Il était mort.
D'abord ce fut une stupeur. Les cris avaient cessé, un silence
s'élargissait dans l'ombre croissante. Tout de suite les huées re-
commencèrent. C'étaient les femmes qui se précipitaient, prises
de l'ivresse du sang. Elles entouraient le cadavre encore chaud,
elles l'insultaient avec des rires, traitant de sale gueule sa tête
fracassée, hurlant à la face de la mort la longue rancune de leur
vie sans pain. — « Je te devais soixante francs: te voilà payé
voleur! dit la Maheude; attends! attends! il faut que je t'en-
graisse encore! — « Des ses dix doigts elle grattait la terre, elle

A minuit, il était mort.

Qui étaient les assassins ? Etaient-ce d'honnêtes ouvriers, qui avaient mené jusqu'alors une vie exemplaire, et que l'inconnue et puissante influence de la foule avait soudainement transformés en malfaiteurs féroces ?

Voici quels étaient les assassins: *Granier*, ouvrier de fort mauvaise réputation: « une tête de chouette,

en prit deux poignées, dont elle lui emplit la bouche, violemment: — « Tiens, mange donc! » — Les injures redoublèrent. Mais les femmes avaient à tirer de lui d'autres vengeances. Elles tournaient en le flairant, pareilles à des louves. Toutes cherchaient un outrage, une sauvagerie qui les soulageât. On entendit la voix aigre de la Brulé: — « Faut le couper comme un matou! » — « Oui! oui! au chat! au chat! ». — Déjà la Mouquette le déculottait, tirait le pantalon, tandis que la Levaque soulevait les jambes. Et la Brulé, de ses mains sèches de vieille, écarta les cuisses nues, empoigna cette virilité morte. Elle tenait tout, arrachant, dans un effort qui tendait sa maigre échine et faisait craquer ses grands bras. Les peaux molles résistaient, elle dut s'y reprendre, elle finit par emporter le lambeau, un paquet de chair velue et sanglante, qu'elle agita avec un rire de triomphe: — « Je l'ai! je l'ai! ». — Des voix aiguës saluèrent d'imprécations l'abominable trophée. Les femmes se montraient le lambeau sanglant, comme une bête mauvaise, dont chacune avait eu à souffrir, et qu'elles venaient d'écraser enfin, qu'elles voyaient là, inerte, en leur pouvoir. Elles crachaient dessus, elles avançaient leurs mâchoires, en répétant, dans un furieux éclat de mépris: — « Il ne peut plus! Ce n'est plus un homme qu'on va foutre dans la terre! » — La Brulé alors, planta tout le paquet au bout de son bâton, et, le portant en l'air, le promenant ainsi qu'un drapeau, elle se lança sur la route, suivie de la débandade hurlante des femmes. Des gouttes de sang pleuvaient; cette chair lamentable pendait comme un déchet de viande à l'étal d'un boucher ..... ».

un mauvais gars qui rouait sa femme de coups »;
Chapsal, condamné déjà trois fois pour coups et blessures, et une fois comme voleur; *Blanc,* dit *Bassi-
net,* condamné lui aussi pour coups et blessures;
« tête aplatie, machoire de bête fauve »; et *Louis
Bedel,* condamné pour vol et deux fois pour coups et
blessures. Il offrait « de tuer, n'importe qui, pour 50
francs »; il voulait former une bande « pour voler
dans la campagne »; et à peine avait-il accompli son
crime qu'il alla jouer aux cartes dans un café (1).

Tous des individus qui avaient en eux-mêmes la
cause des excès commis, et auxquels l'excitation de
la foule n'avait pas fait autre chose que d'offrir l'occasion de révéler leur nature.

La conduite des ouvriers, à Rome en 1889, fût bien
différente de celle des ouvriers de Décazeville.

Ils étaient exaspérés par une crise économique, qui
durait depuis longtemps et qui ne paraissait pas vouloir cesser. Exaltés et suggestionnés par les discours
que leur avaient fait leurs chefs aux *Prati di Ca-
stello,* les excitant à demander par la force ce qu'ils
n'avaient pu obtenir en manifestant avec douceur

(1) Pour les détails de ce procès, consultez : A. BATAILLE, *Causes
criminelles et mondaines de 1886.* — *La grève de Décazeville,* p. 136. On pourrait voir de semblables épisodes, décrits dans
les procès des anarchistes à Lyon, 1883 (V. BATAILLE, *Causes crim.
et mond., 1883.* — *Les procès anarchistes)* et dans les grèves
de Montceau-les-Mines (BATAILLE, 1882). C'est de ces derniers que
Zola a pris non-seulement l'idée de *Germinal,* mais aussi plusieurs scènes qu'il rapporte en quelques chapitres.

leurs désirs et leurs besoins, — dans l'après-midi du 8 février 1889, armés de bâtons, d'outils et de pierres, ils traversèrent Rome du pont de Ripetta à la place d'Espagne, facilement vainqueurs de la faible résistance de quelques sergents de ville, qui avaient en vain essayé de les retenir au delà du pont. Ils n'étaient pas en grand nombre, mais comme ils ne rencontraient pas d'obstacles, on les craignaient sérieusement.

On fermait les portes et les fenêtres sur leur passage; ceux qui se trouvaient dans les rues, se réfugiaient dans les maisons, laissant les ouvriers libres de commettre n'importe quel excès. La peur que manifestaient les habitants faisait accroître naturellement la hardiesse des ouvriers, qui lançaient des pierres contre les réverbères, et brisaient les carreaux des magasins.

Ils montèrent de la place d'Espagne à la rue des Quatre Fontaines, se dirigeant vers la place Victor Emanuel, avec le bruit sourd d'une foule qui n'attend que l'occasion de faire éclater tous les ressentiments qui couvaient en elle depuis longtemps. Etant arrivés à la gallerie Reine Marguerite, ils y entrèrent menaçants, dans l'idée de pénétrer dans le café du Grand Orphée et de le saccager. Un officier, qui se trouvait par hasard sur la porte, dégaîna son sabre, et intima à la foule de se retirer. Les ouvriers étaient au nombre de mille et tenaient des armes en main; cependant on ne jeta pas même une pierre; il n'y eut aucune tentative de rébellion; ils s'éloignèrent tous, poursuivant leur chemin; et, peu après ils se dispersèrent.

En ce cas, comme en celui que raconte Lacretelle,
le calme courage d'un seul suffit pour faire comprendre à cette multitude l'énormité qu'elle allait commettre; et, comme un homme ivre auquel on jette
de l'eau à la figure, elle retourna à ses sentiments
normaux, je dirais presque, individuels.

On dressa un procès pour dévastation et saccage
contre 32 de ces ouvriers, qui étaient réellement coupables de ces délits; mais les antécédents des 32 pré-
venus résultèrent excellents. C'est là, je crois, la raison qui fait qu'ils ont pu briser quelques réverbères
ou quelque étalage, dans un moment de fureur; mais
qu'ils ne se sont pas laissés entraîner à l'assassinat,
comme les ouvriers de Décazeville (1).

---

(1) Si l'on voulait rapporter ici toutes les grèves dans lesquelles
les ouvriers, après avoir commencé par la violence, ne commirent
pas d'autres crimes contre les individus ni contre la propriété
(justement parce qu'ils étaient honnêtes, et pouvaient bien commettre quelques fautes légères, mais non des crimes graves), on
pourrait remplir plusieurs pages. — Je rapporterai ici un seul fait,
raconté par Gisquet (ouvr. cit., ii, p. 22). — En novembre 1831, les
ouvriers qui travaillaient à Lyon dans les grandes fabriques de
soieries, demandèrent une augmentation de salaire, qui ne leur
fut point accordée. Ils firent grève et se soulevèrent contre la
police, qui eut le tort de s'en mêler. Par un fait étrange, il res-
tèrent les maîtres de la ville, et obligèrent les troupes à se retirer à Macon. Ils avaient élevé des barricades et s'étaient battus
contre les soldats; la ville était dans la terreur. A peine furent-
ils les maîtres, qu'ils se calmèrent comme par enchantement;
aucun magasin ne fut dévasté, on ne toucha à rien dans aucune
maison; et quand, quelques jours plus tard, les troupes rentrè-
rent en ville, avec le duc d'Orléans et le maréchal Soult à leur
tête, ils trouvèrent la ville très-calme; et les ouvriers mêmes,

Il me semble donc évident que la composition *anthropologique* de la foule a une certaine influence sur les actions que la foule commet; une multitude de bonnes gens pourra se pervertir, mais elle n'atteindra jamais le degré de perversité d'une multitude, dont une partie est formée de méchants.

Et, par rapport à la composition anthropologique de la foule, il faut ajouter que, non-seulement la présence de vrais criminels dans la foule peut-être funeste, mais aussi la présence de ceux qui, bien qu'honnêtes, n'ont, par leur constitution organique, qu'une faible répugnance au sang et ne s'impressionent pas de le voir verser. Beaucoup d'entre eux, dans un milieu honnête et pacifique, donnent un légitime soulagement à leur tendance, choisissant certains métiers ou certaines professions, qui sembleraient cruels à un individu très-sensible et compatissant; comme, par ex.: le boucher, le soldat, le chirurgien. S'ils se trouvent, par hasard, dans une foule, il est évident qu'il leur sera moins difficile qu'à d'autres de commettre quelque crime (1).

« On sait — écrit M. Proal — que, pendant les diverses révolutions qui ont ensanglanté la France, les bouchers notamment ont montré una cruauté exceptionnelle; que sous Charles VI, par exemple, sous le nom de *Cabochiens* ils firent couler le sang à torrents.

repentis, pour ainsi dire, de ce qu'ils avaient fait, n'opposèrent aucune résistance, et laissèrent l'autorité s'établir là, d'où ils l'avaient chassée ». —

(1) Voir ANDRAL, *Pathologie interne*, III vol., p. 59.

Un des plus fougueux révolutionnaires de 1793 était le boucher Legendre, à qui Lanjuinais répondit : — « Avant de m'assommer, fais decréter que je suis un bœuf (1) — ».

Et même parmi les crimes atroces individuels, une quantité remarquable est donnée par ceux qui exercent des professions ou des métiers cruels. — « Parmi les plus récents dépeçeurs de femmes, écrit M. Corre, il faut citer Avinain, un boucher, Billoir, un ancien soldat, Lebiez, ex-étudiant en médecine. Guy Patin, dans une de ses lettres à Spon, raconte un vol audacieux commis chez la duchesse d'Orléans et suivi de la disparition d'un valet de chambre de la maison : on retrouva le corps du domestique dans un privé, mais coupé en quartiers : les assassins voleurs étaient deux laquais, chirurgiens de leur premier métier (2) ».

Eugène Sue a, dans le type du *Chourineur* (3), admirablement bien décrit cette terrible influence du métier cruel de boucher, sur les sentiments de l'homme. C'est, du reste, une observation déjà faite plusieurs fois que, en général, toutes les professions qui présupposent le mépris de la vie (propre ou d'autrui, de l'homme ou des autres animaux) font naître, ou, pour mieux dire, développent les instincts sanguinaires. On en a la preuve dans le métier de soldat.

(1) PROAL, *Le crime et la peine*, p. 225.

(2) CORRE, *Les criminels*, p. 179. — Je me souviens à ce propos du procès récent (juin 1891) qui a été débattu aux Assises de Rome, contre Achille et Salvatore Orazi, deux frères *bouchers* qui tuèrent un de leurs amis avec les couteaux de leurs métiers.

(3) Voir *Les mystères de Paris*.

Que de braves et de héros n'ont pas en eux l'étoffe de criminels! Richard cœur de lion ne mangeait-il pas la chair des Sarasins, et ne la trouvait-il pas *tendre et douce?*

Mais, calculant même la valeur de toutes ces dispositions plus ou moins fortes au crime, il n'en est pas moins vrai que c'est l'âme même de la foule qui fait que les bons se gâtent, et que les méchants ou les cruels en puissance, le deviennent par le fait. Nous n'avons donc pas encore résolu le problème juridique: quelle est la responsabilité des crimes commis dans la fureur d'une foule?

Nous essayerons de le résoudre au chapitre suivant.

CHAPITRE III

—

Conclusions juridiques

———

I.

Napoléon, dans un mot célèbre que lui ont dicté ses études sur la Convention a dit: « les crimes collectifs n'engagent personne ».

C'était la constatation d'un fait; ce n'était pas, et ce ne pouvait pas être une doctrine scientifique.

La science sent que l'irresponsabilité, pour les crimes commis dans une foule, ne peut être proclamée; parce que la science sait que l'organisme social, — comme n'importe quel autre organisme — réagit toujours, en ce cas comme en tous les autres, contre celui qui attente à ses conditions de vie.

Subir cette réaction veut dire être responsable: si donc la réaction est fatale et nécessaire, la responsabilité sera aussi fatale et nécessaire.

Mais, qui sera responsable?

Le bon sens — par un des ses jugements sommaires qui sont souvent erronés, mais qui sont aussi parfois très-exacts, reflétant préventivement par intuition ce que l'examen positif des faits prouvera plus tard — répond : toute la foule doit être responsable. Et la science, après avoir taché d'éclaircir bien des causes qui déterminent les crimes commis par une multitude, et après avoir vu que ces causes sont entremêlées et confondues entr'elles d'une manière telle qu'on ne peut en dire la valeur particulière, est obligée, pour être juste et sincère, de répondre elle aussi comme le bon sens : toute la foule doit être responsable.

C'est à ce nom collectif de foule, à cet être vague et indéterminé que s'arrête la responsabilité, car dans la foule seule on retrouve *tous* les facteurs d'ordre anthropologique et d'ordre social, qui coopèrent à la production des crimes commis par ses membres. On sent que de porter la responsabilité sur un être plus déterminé et plus précis — sur l'individu — serait une erreur; car dans l'individu, *tous* les facteurs de ces crimes n'existent pas; il ne serait qu'une seule des causes, plutôt que l'union de toutes les causes.

Mais, est-il possible que la foule soit responsable? Cette responsabilité collective est-elle donc possible aujourd'hui?

Autrefois, la responsabilité collective était l'unique forme de responsabilité. Même lorsqu'on savait qu'un crime avait été commis par un seul individu, il ne devait pas en répondre seul, mais avec lui, sa famille, son *clan*, sa tribu. Les lois anciennes étendaient à la femme, aux enfants, aux frères, parfois

même à tous les parents du délinquant, le supplice
ou la peine auxquels il était condamné lui-même (1).

À ces époques primitives, chaque groupe de formation naturelle, comme la tribu et la famille, consti-
tuait un être indivisible et indissoluble. L'individu
était une partie plutôt qu'un tout; on ne le considérait pas comme un organisme, mais comme un organe. Le frapper lui seul eût été regardé comme une
absurdité, ainsi que nous regardrions comme une absurdité de châtier un seul membre de l'homme.

Dans la suite, avec le progrès de la civilisation,
la responsabilité alla toujours s'individualisant. Jusqu'à la fin du siècle dernier, il resta quelques traces
de l'ancienne doctrine, surtout par rapport à certains
crimes politiques et religieux (2), mais toute trace
a maintenant disparu (3). De nos jours, les familles

(1) Les États demi civilisés de l'ancien Orient infligeaient tous,
à la femme et aux enfants du condamné la même peine qu'à lui.
En Egypte, toute la famille d'un conspirateur était condamnée
à mort. — Voir à ce propos THONISSEN, *Droit criminel des anciens peuples de l'Orient*, 1ᵉ tome, *passim*, et LETOURNEAU, *Evolution de la morale*, Paris, 1887.

(2) On sait que jusqu'au siècle dernier, dans presque tous les
états d'Europe, les familles des criminels politiques étaient exi-
lées.

(3) M. TARDE croit trouver un reste actuel de la responsabilité
collective des anciens, dans l'immunité parlementaire, en vertu de
laquelle un député ou un sénateur ne peut être poursuivi ou condamné en justice, sans l'autorisation de l'assemblée dont il fait
partie, comme si celle-ci se regardait responsable avec lui. —
Voir *La philosophie pénale*, p. 137.

Outre celui-là, il y a, je crois, actuellement beaucoup d'autres
restes de la vieille théorie de la responsabilité collective; sur-

des condamnés ne sont plus bannies; les enfants d'un
criminel ne portent plus au front une marque d'infamie; l'habitude fait seule que l'on conserve une certaine prévention mauvaise contre ceux qui naissent
d'une famille de criminels. Est-ce peut-être une voix
intérieure, qui a l'intuition de la force de la loi d'hé-
rédité? Nous n'en savons rien: il est certain néam-
moins qu'il n'y a pas seulement un préjugé social,
dans cette prévention.

tout dans les préjugés. On sait que, dans l'ancien temps, chaque
individu membre d'une tribu croyait que ses actions ou celles
d'un autre, quand elles étaient telles que de porter bonne ou
mauvaise chance, devaient avoir leur efficacité favorable ou funeste, non seulement sur leur auteur, mais sur la tribu entière.
Et bien, on croit encore aujourd'hui parmi le peuple — et aussi
parmi les classes cultivées — que certaines actions portent bonne
ou mauvaise chance, non seulement à celui qui les fait, mais
aussi à ceux qui sont présents; par exemple: renverser du vin
ou du sel à table.

« Il y a des gens, écrit à ce propos BAGEHOT, — qui ne permet-
traient pas qu'on fût treize à table chez eux. Ce n'est pas qu'ils
s'attendent à éprouver un dommage personnel s'ils le permet-
traient ou s'ils faisaient partie de cette société de treize personnes; mais ils ne peuvent se débarrasser de cette idée qu'une
ou plusieurs personnes qui composent la réunion éprouveront dans
ce cas quelque malheur. C'est ce que M. Tylor appelle des restes
de barbarie qui se perpétuent dans une époque cultivée. Cette
faible croyance dans la responsabilité commune de ces treize personnes est un léger reste, une trace prête à s'effacer, de ce grand
principe de responsabilité commune relativement à la bonne ou
à la mauvaise fortune, qui a tenu dans le monde une place énorme ».
— Voir ouvr. cit., p. 152.

La loi donc, de nos jours, a individualisé la responsabilité (1); on ne peut plus dire, comme autrefois, devant un crime: c'est la telle famille qui l'a
commis, punissons-la; mais il faut dire: c'est tel individu, punissons-le lui seul.

Toutefois, si l'ancienne idée absurde de la responsabilité collective a disparu, une autre a pris sa place,
analogue à la première sous un certain rapport, et
certainement bien plus scientifique: je veux parler
de l'idée de la responsabilité du milieu social.

Nous savons que chaque crime, comme chaque action humaine, est le résultat de ces deux forces: le
caractère individuel et le milieu social.

Nous faisons toujours retomber la responsabilité
d'un crime, bien qu'en proportions différentes, sur ce
caractère et sur ce *milieu;* c'est donc encore de nos

---

(1) TARDE ajoute: Elle la spécifiera toujours plus, aidée de l'anthropologie criminelle, qui permettra de démêler dans l'association
que l'on appelle individu, les éléments divers sinon séparables,
dont il se compose; de les prendre à part, et de leur appliquer
le traitement spécial des remèdes qui leur convient. (Œuvr. cit.,
p. 147).

Certainement, je crois aussi que la science de l'avenir spécifiera mieux qu'elle ne fait de nos jours, les causes des actions
humaines, mais je ne crois pas pour cela que la responsabilité
pourra se transporter de l'individu à son cerveau ou à une certaine circonvolution de son cerveau. La *responsabilité pathologique*, si je puis dire ainsi, pourra se ramener à une partie de
l'homme ou à une autre, mais la *responsabilité sociale* restera
toujours à l'homme complet, car l'individu — selon la belle expression de SCHÆFFLE, — est l'*atôme* de l'organisme social; et ainsi
qu'en chimie il n'est pas possible de diviser l'atôme, de même
en sociologie, il n'est pas possible de diviser l'homme.

jours une responsabilité collective. A l'origine du droit
pénal, on disait : l'individu qui a commis le crime
est coupable, et toute sa famille ou toute sa tribu
avec lui. Aujourd'hui, que le droit pénal a atteint la
plus haute phase de son développement, on dit : l'individu qui a commis le crime est coupable, et tout
le milieu qui lui a fourni l'occasion de le commettre
est coupable avec lui.

Les termes sont changés, bien que moins profondément qu'ils n'en ont l'air ; on a changé surtout les
motifs des deux conclusions, mais elles en viennent
au même point : à une responsabilité collective.

Il y a seulement une grande différence pratique
entre les conséquences de ces deux conclusions.

Dans l'ancien temps, on considérait responsables
l'individu et sa famille, et la réaction se faisait sur
l'un et sur l'autre également (1). De nos jours, on re-
garde comme responsables l'individu et le milieu qui
l'entoure ; mais la réaction, la *peine*, pour me servir
e cette vieille parole, ne s'impose qu'à l'individu.
Autrefois, la responsabilité de l'individu et de sa famille était *solidaire* et *effective* (en ce sens que l'individu et sa famille subissaient la même peine). De
nos jours, la responsabilité du milieu où vit l'individu est *illusoire* (en ce sens que le milieu ne subit
jamais la réaction, il n'est jamais puni), et, au lieu

(1) « Au début, écrit M. Tarde (œuvr. cit., p. 137), la responsabilité collective a toujours été entendue en ce sens que *tous* les
parents devaient être punis à la fois. Plus tard, grâce à l'adou-
cissement des mœurs, on l'entendit en ce sens plus humain, qu'un
membre quelconque de la famille doit être châtié ».

d'être *solidaire* avec celle de l'individu, elle est précisément en rapport invers; car plus la responsabilité
du milieu est grande, plus celle de l'individu est petite; et *viceversa,* — plus le milieu est coupable d'un
crime, moindre est la réaction sociale contre l'individu (1).

L'homicide accompli pour voler, a toutes ses causes
ou presque toutes, dans l'individu qui le commet; c'est
pourquoi la réaction sociale est très forte, en ce cas,
contre le délinquant. L'homicide commis par passion,
— au contraire, — a la plus grande partie de ses causes dans le milieu qui entoure, et la plus petite partie
dans l'individu qui le commet; c'est pourquoi, en ce
cas, la réaction sociale est moindre contre l'individu
qui a commis le crime.

(1) M. ALBANO, dans son article de critique à la première édition de cette étude, écrivait: « Il ne me semble pas possible de
comparer l'idée de la responsabilité collective des anciens, avec
l'autre, dont parle l'auteur; je ne comprends même pas une
responsabilité ainsi conçue. Aux premières lueurs du droit pénal,
la responsabilité collective embrassait des individus; c'était,
comme dit l'auteur même: une responsabilité réelle et effective.
Aujourd'hui, lorsqu'on parle de responsabilité du milieu, on ne
veut pas parler de *responsabilité juridique,* ce qui serait une
absurdité, mais on entend: la cause, l'origine, le rapport entre
deux phénomènes. La responsabilité des anciens, était vive et
agissante tous les jours; l'autre est une parole qu'emploient les
sociologistes pour mettre en évidence les facteurs du crime, qui
lui sont étrangers, et qui toutefois agissent sur lui ». — Voir
l'*Archivio giuridico,* vol. 47, f. 4-5. — Je suis sur ce point parfaitement d'accord avec M. Albano, mais n'ai-je pas dit en d'autres mots, ce qu'il dit lui-même en ces quelques lignes? N'ai je
pas admis, moi le premier, que la responsabilité du milieu est
illusoire ?

Si l'on arrivait à prouver que les causes d'un crime sont toutes dans le milieu qui entoure, que dans ce milieu est *toute* la responsabilité, on ne pourrait infliger aucune réaction sociale à l'individu, il serait pénalement irresponsable. C'est le cas de légitime défense.

Si un voleur de grand chemin m'attaque de nuit, et que je le tue en me défendant, je suis irresponsable (c'est-à-dire que je ne dois pas subir de réaction sociale pour avoir commis cet homicide), parce que les causes, — c'est-à-dire la responsabilité, — sont toutes dans le milieu, dans l'attaque injuste du voleur.

Partant de ces considérations générales, nous pouvons nous résumer ainsi: quand nous avons dit que *toute* la foule doit être responsable des crimes commis par ses membres, nous n'avons fait qu'appliquer à un cas spécial, et plus évident que les autres, la théorie moderne de la responsabilité collective, qui voit et reconnait non seulement dans l'individu, mais aussi dans le milieu, les causes de chaque crime. Seulement, comme le milieu ne peut, en général, subir aucune réaction, par l'individualisation actuelle de la responsabilité, — de même, dans ce cas particulier, la foule non plus ne pourra pas en souffrir. L'individu sera donc le seul *effectivement* responsable; mais puisque sa responsabilité est en rapport invers à celle de la foule (du milieu), il faudra examiner si la responsabilité du crime soit *toute* dûe à la foule, car, en ce cas, l'individu serait irresponsable; ou *quelle part de responsabilité* a la foule, afin que la réaction sociale contre l'individu se règle sur elle.

C'est enfin la *redoutabilité (temibilità)* du coupable que nous devons rechercher en ce cas, comme en tous; *redoutabilité* qui, selon l'école positiviste (1), est plus

---

(1) Il est utile de remarquer que, si l'école positiviste a introduit ouvertement comme base de la répression juridique la *redoutabilité* du coupable, cette idée de redoutabilité existait déjà, bien que voilée par des formules plus ou moins obscures, dans la doctrine des criminalistes classiques. (V. CARRARA, *Programma*, partie sp. § 2085, 2111, 2115; PESSINA, *Elementi di diritto penale*, II livre; ROSSI, *Trattato di diritto penale*. Tome II, chap. IV). Et, si je ne me trompe, cette idée de redoutabilité est aussi cachée sous les théories des positivistes, je dirai *dissidents,* qui ont fondé la responsabilité sur des principes différents de ceux, sur lesquels la base l'école positiviste italienne. Je fais allusion ici à la théorie de l'*identité,* dont parle Tarde. En effet: *l'identité personnelle* que Tarde exige pour qu'un individu soit responsable, est une condition qui ne peut être juste que quand elle signifie que si un individu est devenu complètement différent de ce qu'il était quand il a commis le crime, c'est-à-dire *non plus dangereux de dangereux* qu'il était, il doit être déclaré irresponsable. — Tarde prétend, par exemple, qu'il devrait y avoir de courtes prescriptions pour les crimes commis par les impubères, et il légitime son opinion, en disant: que, quand un individu est devenu adulte, il n'est plus le même que quand il était enfant. Si vous punissez, dit-il, un homme de vingt ans, pour un crime qu'il a commis quand il en avait dix, vous frappez une personne, qui n'est pas l'auteur de ce crime, car, dans l'homme de 20 ans, il ne reste plus rien ou presque rien de l'enfant de 10. En ce cas, il manque l'*identité personnelle.*

Or, il me semble que cette prescription, au lieu d'être légitimée par le principe de la *non identité personnelle,* doit être légitimée par la *non redoutabilité* qu'offre un adulte, qui a grandi

ou moins grande, en rapport invers du nombre et de l'intensité des circonstances extérieures, dans l'éthiologie d'un crime.

II.

La question doit donc se poser ainsi : celui qui a commis un crime au milieu d'une foule, est-il à craindre ? et s'il l'est, à quel degré l'est-il ? C'est-à-dire : cet homme, placé hors du milieu exalté et irrité dans lequel il était, délivré des mille suggestions qui le poussaient au crime, et ramené à son état normal,

normal et honnête, et qui quand il était enfant (quand nous sommes tous un peu délinquants), avait commis un crime. Qu'on en dise autant, par hypothèse, (hélas ! bien rare !) d'un fou qui guérirait après avoir commis un crime, pendant son délire. Une fois guéri, une fois qu'il n'est plus à craindre, la société n'a pas le droit de le punir.

Ainsi qu'on voit, l'*identité personnelle* de M. Tarde, entendue en ce sens, n'est autre chose qu'un nom différent donné à la théorie de la *redoutabilité*. — Prise au contraire dans le sens plus étendu que lui attribue M. Tarde, c'est-à-dire dans le sens que le fou doit *toujours* être irresponsable, même quand il reste fou après son crime, — et cela seulement parce que la folie crée en lui un *être anormal* différent de l'*être normal* qui existait auparavant, — la théorie de l'*identité personnelle* me semble une erreur et une absurdité, dans ses conséquences. C'est une absurdité, au point de vie déterministe, car le déterminisme n'admet, pour aucune raison, qu'il y ait des individus irresponsables. C'est une erreur, au point de vue social, car la société réagit toujours contre les offenses faites à son existence, qu'elles soient l'œuvre d'un criminel ou d'un fou. — Voir aussi la critique faite à cette théorie de M. Tarde par FERRI (*Sociologia criminale*, Turin, 1892, à pag. 530 et suiv.).

présentera-t-il encore quelque danger pour la société ?
Est-il possible qu'un individu honnête se laisse entraîner par la foule à commettre le mal, comme dans
un accès de folie momentanée, lequel, une fois passé,
ne laisse plus aucune trace, et par conséquent, ne
peut donner aucun droit à la réaction pénale (1)?

Afin de pouvoir répondre comme il convient, il faudrait savoir, non seulement en théorie, mais en chaque cas particulier, quelle est la force de suggestion
de la foule, quelle est sa puissance de corruption sur
l'individu. Il faudrait savoir si elle possède réellement
cette fascination terrible et étrange, capable de changer un homme profondément honnête en assassin.

La foule peut-elle faire ce miracle?

Nous avons vu, dans le premier chapitre, que l'influence que la foule exerce sur les individus, qui la
composent, est un phénomène de suggestion. Nous
pouvons donc répondre à la demande que nous nous
sommes faite, en examinant quel est l'effet de la suggestion sur un individu, et jusqu'où elle arrive. Malheureusement nous ne pouvons pas faire cette recherche quant à la suggestion à l'état de veille parce qu'on
l'a trop peu étudiée jusqu'ici (2), mais nous la ferons

(1) Je dis *réaction pénale* seulement, parce que la *peine* n'a
plus de raison d'être, quand le danger occasionné par le crime
a disparu; mais la *réparation civile* des dommages a toujours
sa raison d'être, même quand l'auteur du crime n'est plus à
craindre. La peine est infligée uniquement *ne peccetur,* la réparation est infligée *ne peccetur,* et surtout, *quia peccatum.*

(2) M. VENTRA vient de publier une étude sur cet argument très-
intéressant. (*La suggestione non ipnotica nelle persone sane e
nella psicoterapia,* dans le *Manicomio,* 1891, N. 1, 2, 3).

par rapport à la suggestion hypnotique, qui nous offre un vaste champ d'expériences et d'observations.

Ceci n'altérera en rien l'efficacité de notre examen, car, bien que la suggestion de la foule soit une suggestion que l'on supporte éveillé, tout le monde sait que cette suggestion n'est que le premier degré de la suggestion hypnotique. Le raisonnement qu'on fait pour l'une, vaut donc aussi pour l'autre. La seule différence est que la suggestion dans le sommeil magnétique est plus puissante que dans l'état normal.

« La suggestion hypnotique, disait Ladame, n'agit pas autrement sur les cerveaux malades et endormis que la suggestion ordinaire, celle que tout le monde connaît et pratique en affirmant aux autres les choses dont on espère les convaincre. La suggestion hypnotique est de la même nature que la persuasion à l'état de veille. Seulement elle renforce considérablement la puissance de persuasion que nous possédons sur autrui en supprimant les résistances qui existent à l'état de veille (1) ».

Peut-on donc, dans la suggestion hypnotique, faire commettre à un homme le crime qu'on veut? Peut-on abolir en lui complètement sa personnalité, et l'entraîner à commettre des actes qu'il n'aurait jamais commis, étant éveillé et capable de raisonner?

Si nous en croyions l'école de Nancy, il faudrait répondre affirmativement.

(1) Cit. par LAURENT, *Les suggestions criminelles*, dans les *Archives de l'anthropologie crim. et des sciences pén.*, 15 novembre 1890.

Liébault écrit: « L'endormeur peut tout développer dans l'esprit des somnambules et le faire mettre à exécution non seulement dans leur état de sommeil, mais encore après qu'ils en sont sortis (1) ». Selon lui, le somnambule obéit aveuglément à la suggestion: « Il marche au but avec la fatalité d'une pierre qui tombe (2) ». Et plusieurs faits pourraient prouver en apparence la vérité absolue de cette thèse.

Richet (3) et Liégeois (4) ont rapporté des exemples qui prouvent que, par la suggestion, on arrive a forcer les principes actifs de l'individu; on le pousse à oublier les sentiments les plus sacrés et à abdiquer les préceptes les plus élémentaires de la morale. Une fille douce et vertueuse, hypnotisée, tire un coup de pistolet contre sa mère. Un jeune homme honnête essaye d'empoisonner une tante, qu'il aimait profondément; une jeune fille tue un médecin parce qu'il la soigne mal; une autre empoisonne un individu qui lui est inconnu (5).

Mais, ces résultats ont-ils été obtenus facilement, sans aucune peine, aussitôt que l'ordre en a été donné par celui qui exerce la suggestion? Non, bien certainement. Il a fallu lutter longtemps contre la vo-

(1) LIÉBAULT, *Du sommeil et des états analogues,* p. 519.
(2) *Ibidem.*
(3) RICHET, *L'homme et l'intelligence.* Paris, 1884.
(4) LIÉGEOIS, *De la suggestion hypnotique, dans ses rapports avec le droit civil et le droit criminel.* Paris, 1884.
(5) Ces deux derniers cas sont rapportés par GILLES DE LA TOU-RETTE dans son œuvre: *L'hypnotisme et les états analogues.* — Paris, 1887, pag. 130 et 133.

lonté de l'hypnotisé qui réagissait encore. « C'est seulement, dit Campili, par une suggestion suivie et
graduelle que le sujet est poussé à ces suggestions
dangereuses et risquées. Toutes les fois qu'il fait quelque objection, ou qu'il refuse d'obéir sans réserve, on
replique la suggestion, en y ajoutant des détails qui
la rendent plus qualifiable et acceptable : c'est-à-dire,
on achève le contenu de la suggestion de l'acte, par
une série rationelle de suggestions retroactives po-
sitives ou négatives. Aux premières paroles, le somnambule se révolte souvent, mais, si l'on répète l'affirmation avec insistance, son esprit, aussi bien que
son aspect, se trouble, il devient pensif, et semble
évoquer un souvenir qui lui échappe ; enfin, consterné
par les incessantes et accablantes suggestions, il céde
automatiquement (1) ».

Il obéit automatiquement, mais non sans répugnance, et non sans tomber ensuite dans une attaque
d'hystérie, qui prouve combien il lui en a coûté d'o-
béir à l'ordre reçu. C'est le *déni-posthume*, si je puis
dire ainsi, d'un organisme qui a accompli involon-
tairement un acte auquel il se rebelle et qui lui fait
horreur (2).

S'il est donc vrai, parfois, que même quand le sujet
résiste, on peut faire exécuter l'ordre voulu, en in-

(1) G. CAMPILI, *Il grande ipnotismo e la suggestione ipnotica
nei rapporti col diritto penale e civile.* — Torino, Bocca, 1886,
pag. 18-19.

(2) V. les cas d'attaque d'hystérie, qui suivent l'accomplisse-
ment d'une suggestion qui répugne, dans l'œuvre déjà citée de
GILLES DE LA TOURETTE, ch. IV.

sistant et en accentuant la suggestion, il est faux
toutefois que « l'automatisme soit absolu, comme dit
Beaunis, que le sujet ne conserve de spontanéité et
de volonté que autant que lui en laisse celui qui
l'hypnotise; et qu'il réalise dans le sens étroit du
mot, l'idéal célèbre : être comme le bâton dans les
mains du voyageur (1) ».

Le somnambule *reste toujours quelqu'un* (2) puisqu'il manifeste sa volonté, par l'effort qu'il fait pour
résister aux suggestions. Et si parfois il cède, cela
prouve seulement sa faiblesse individuelle, et non la
toute puissance de la suggestion, car il commet les
crimes imaginaires avec répugnance, et il n'y retombe
jamais dans la suite (3).

D'ailleurs, les cas où le sujet cède à une suggestion qui offense le sens moral, sont très-rares, en
comparaison de ceux où il a la force de résister. Ce
sont ces cas là, observés surtout par l'école de la Salpétrière, qui prouvent fausse l'opinion de l'école de
Nancy. Contre les affirmations de Liébault, de Liégeois et de Beaunis, nous voyons celles de Charcot,
de Gilles de la Tourette, de Brouardel, de Féré, de
Pitres, de Laurent, de Delbœuf. « Le somnambule, dit
Gilles de la Tourette, n'est pas une machine que l'on
puisse faire tourner à tous les vents; il possède une

---

(1) Beaunis, *Du somnambulisme provoqué*. Études physiologi-
ques et psychologiques. Pag. 181.

(2) Gilles de la Tourette, œuvr. cit., pag. 137.

(3) V. à ce propos: Lombroso, *Studi sull'ipnotismo*, iii édition,
1887, et Lombroso et Ottolenghi, *Nuovi studi sull'ipnotismo e la
credulità*. Torino, 1889.

personnalité, réduite, c'est vrai, dans ses termes généraux, mais qui persiste encore en certains cas entière (1) ». — « Le somnambule, dit Féré, peut résister à une suggestion déterminée, qui se trouve en
opposition avec un sentiment profond (2) », et, ajoute
Brouardel, « il ne réalise que les suggestions agréa-
bles ou indifférentes (3) ». Enfin, Pitres affirme que
« l'irresponsabilité des sujets hypnotisés n'est jamais
absolue (4) ».

Le *moi normal* survit toujours au *moi anormal*
créé par l'hypnotiseur. Si vous essayez de faire commettre à ce *moi anormal* une action qui répugne
profondément, organiquement au *moi normal,* vous
n'y réussirez pas. Une quantité d'exemples sont là
pour nous en donner les preuves.

Choisissons-en quelques-uns.

« Nous avions sous notre cure, dit Pitres, une jeune
femme très facile à hypnotiser et sur laquelle on pou-

(1) Œuvr. cit., pag. 136.

(2) CH. FÉRÉ, *Les hypnotiques hystériques considérés comme
sujets d'expérience en médecine mentale.* Note communiquée
à la Société médico-psychologique, le 28 mai 1883.

(3) BROUARDEL, *Gazette des hôpitaux.* Numéro du 8 nov. 1887,
pag. 1125.

(4) PITRES, *Les suggestions hypnotiques.* Bordeaux, 1884, p. 61.
Les conclusions identiques à celles qui sont soutenues par les
auteurs nommés sont aussi tirées par: BIANCHI, *La responsabilità nell'isterismo (Riv. sper. di fren. e di med. leg.,* vol. XVI,
fasc. III); LAURENT, *Les suggestions criminelles (Arch. de l'anthrop. crim. et des sciences pén.,* 15 nov. 1890); DELBOEUF, *L'hypnotisme et la liberté des représentations publiques*; et RICHER,
Etudes cliniques sur la grande hystéro-épilepsie. Paris, 1885.

vait produire, sans aucune difficulté, les mouvements
d'imitation, les illusions et les hallucinations. Mais
il était impossible d'obtenir d'elle qu'elle battit quelqu'un. Si on le lui commandait énergiquement, elle
levait les bras, et tombait immédiatement en léthar-
gie (1) ».

Féré raconte un fait analogue: « Une de nos malades, dit-il, s'était prise de passion pour un jeune
homme, elle en avait beaucoup souffert, mais cependant elle l'aimait toujours. Si l'on évoquait la présence de cet homme, elle se montrait très-affligée;
elle aurait voulu s'enfuir. Mais il était impossible
de lui faire commettre un acte quelconque qui pût
être nuisible à celui dont elle avait été la victime.
Au reste, elle obéissait à tous les autres ordres automatiquement (2) ».

Dans les deux cas précédents, c'est le sentiment de
la pitié qui empêche de réaliser la suggestion.

Le phénomène identique se vérifie, quand l'idée
suggérée se heurte contre un autre sentiment quelconque, pourvu qu'il soit vif et profond dans l'individu hypnotisé.

Pitres raconte l'expérience que je vais rapporter,
comme preuve de la résistance que peuvent faire les
sujets aux actes suggérés: « J'endors mon sujet (une
jeune fille), et, après avoir posé une pièce d'argent
sur la table, je lui dis: quand vous serez réveillée,
vous irez prendre sur la table cette pièce d'argent

(1) Pitres, œuvr. cit., p. 55.
(2) Féré, *Les hypnotiques hystériques considérés comme sujets d'expérience en médecine mentale*, déjà cité.

que quelqu'un y a oubliée; personne ne vous verra;
vous mettrez la pièce dans votre poche, ce sera un
petit vol qui n'aura pour vous aucune conséquence
fâcheuse.

Puis, j'éveille le sujet.

« Elle se dirige vers la table, cherche la pièce et
la met dans sa poche, en hésitant. Mais, tout de suite
après, elle l'en retire et me la donne, en disant que
cet argent ne lui appartient pas, et qu'il faut rechercher la personne qui l'a oublié sur la table. — Je ne
veux pas garder cette pièce, dit-elle; ce serait un vol,
et je ne suis pas une voleuse (1) ».

Gilles de la Tourette raconte un fait en tout semblable à celui-ci.

« Un jour, écrit-il, nous suggérons à W. qu'il fait
très-chaud. Aussitôt, elle s'éponge le front comme si
elle transpirait, et déclare que la chaleur est insup-
portable.

» Allons prendre un bain.

» Comment! avec vous?

» Pourquoi pas? vous savez qu'à la mer les hommes et les femmes prennent leur bain en commun,
sans scrupules.

» Elle ne paraît pas très convaincue.

» Courage! déshabille-toi.

» Elle hésite; enfin elle se décoiffe et se déchausse;
puis elle s'arrête.

» Allons! je te commande de te déshabiller entièrement.

(1) PITRES, œuvr. cit., p. 54.

» Elle rougit et semble réfléchir avec grand peine;
enfin, confuse, elle ôte sa robe.

» Encore! encore!

» A cet ordre brutal, elle se trouble et semble souffrir cruellement; elle se prépare à obéir, mais sa volonté réagit; sa pudeur est plus forte que la suggestion; son corps se raidit, et je n'ai que le temps d'in-
tervenir pour empêcher un accès d'hystérie (1) ».

Gilles de la Tourette ajoute: W. *est assez pudique.*

« Evidemment c'est pour cette raison qu'il s'est montré une révolte presque inconsciente, aboutissant au
résultat que nous connaissons; car, dans des circonstances analogues, Sarah R. n'hésite nullement à quit-
ter ses vêtements et a prendre un bain imaginaire ».

En ce cas, c'est donc le sentiment de la pudeur,
qui est très-fort en W., qui l'empêche d'accomplir la
suggestion; tandis qu'étant plus faible en Sarah R.,
il lui permet d'obéir à l'ordre suggéré. Nous pouvons en dire autant pour les autres cas. Ce sont les
sentiments de pitié ou de probité qui, selon qu'ils
sont plus ou moins forts, se rébellent aux suggestions,
ou permettent qu'on y obéisse, après plus ou moins

---

(1) GILLES DE LA TOURETTE, œuvr. cit., p. 140. — PITRES raconte
une expérience semblable : « Un jour, écrit-il, j'ordonnai à une
de nos malades hypnotisées d'embrasser après son réveil un des
élèves du service. Une fois réveillée, elle s'approcha de l'élève
désigné, lui prit la main, puis elle hésita, regarda autour d'elle,
parut contrariée de l'attention avec laquelle on la regardait. Elle
resta quelques instants dans cette position, l'air anxieux, en proie
à une angoisse très-vive. Pressée de questions, elle finit par
avouer, en rougissant, qu'elle avait envie d'embrasser l'élève,
mais qu'elle ne commettrait jamais une pareille inconvenance ».

de tentatifs. En dernière analyse, c'est une *prédisposition organique*, cachée, faible et indistincte autant qu'on veut, qui permet la réalisation de la suggestion, ou ne la permet pas. Quand un individu est absolument rebelle à une idée, il est absolument impossible que cette idée, même suggérée dans l'état hypnotique, se change en action. C'est la conclusion que tirent presque tous les plus illustres culteurs de l'hypnotisme, et que Janet exprima dans la phrase célèbre : « Idée inconnue ne suggère rien (1) ». « Les suggestions, dit Campili, doivent être en harmonie avec le milieu intérieur du sujet ; elles ne sont pas exécutées toutes, à cause de cela ; mais seulement celles que l'individu aurait pu accomplir, sous certaines conditions, à quelque moment de sa vie (2) ».

La suggestion peut donc altérer la personnalité, diminuer la volonté au point qu'on ne puisse presque pas affirmer si elle existe ou non ; mais cette personnalité et cette volonté feront voir qu'elles ne sont pas mortes entièrement, en résistant avec tenacité à certaines suggestions qui leur répugnent ; ou, si elles les accomplissent, en réagissant par la suite avec des phénomènes qui représentent le *repentir de l'organisme*, d'avoir commis des actes contraires à sa nature normale.

Ainsi qu'il n'est plus vrai aujourd'hui que la contagion soit « un acte par lequel une maladie déterminée se communique d'un individu qui en est affecté

---

(1) PAUL JANET, *Revue politique et littéraire*, 4-7, 1884.
(2) CAMPILI, œuvr. cit., p. 48.

à un autre *qui est sain* », mais bien plutôt : « un
acte par lequel une maladie déterminée se communique d'un individu qui en est affecté à un autre *qui
y est plus ou moins prédisposé* (1) »; de même il
est faux que la suggestion puisse faire accomplir à
un individu *n'importe quelle action;* elle ne peut lui
faire accomplir que les actions auxquelles il est *plus
ou moins prédisposé.*

Il est certain que la prédisposition n'a pas besoin
d'être, en ce cas, aussi marquée que dans le premier ;
il suffira qu'elle existe, bien qu'en très petites proportions, mais elle sera toujours nécessaire.

Il arrive, dans l'état d'hypnotisme, par l'empire de
la volonté de l'hypnotiseur, ce qui arrive pour d'autres motifs dans le rêve, dans le somnambulisme, et
dans l'ivresse; c'est-à-dire: l'homme y commet des
actions qu'il n'aurait jamais commises à l'état normal : et toutefois son *moi,* sa personnalité, si pervertie
qu'elle soit pathologiquement, survit toujours. Elle
est altérée, et non supprimée (2).

(1) Voir la vieille définition de la *contagion,* donnée par GAL-
LARD dans le *Dictionnaire de médecine et de chirurgie pratiques,* et la critique qu'en fait AUBRY, dans le volume: *La contagion du meurtre,* Paris, Alcan, 1888, p. 9-10.

(2) Cette comparaison, que je fais entre l'état hypnotique et
les états de songe, de somnambulisme et d'ivresse, pourrait paraître inexacte. On pourrait observer, en effet, que, dans l'état
d'hypnotisme, les actions sont accomplies par l'interposition de
la volonté d'une troisième personne, qui altère, sans aucun doute,
par son intervention, les rapports qui font que l'action dépend
des caractères moraux de l'individu (CAMPILI). Tandis que, dans
les états de songe, de somnambulisme et d'ivresse, il n'y a pas

Colaianni parlait fort bien, en disant de l'alcool
qu' « il ôte ou diminue, selon l'intensité et la durée

l'intervention d'une volonté étrangère, et l'homme physique, si
altéré qu'il soit pathologiquement, est toujours en pleine et directe corrélation avec l'homme normal. Tout cela constitue, il est
vrai, une différence essentielle entre les *causes* qui produisent
ces états divers; mais cela ne touche en rien l'*analogie* qui existe
entre les *conséquences* de ces états. Et l'analogie (ainsi que j'ai
dit brièvement dans le texte) consiste en cela: que dans la suggestion, comme dans le songe, dans le somnambulisme, dans l'i-
vresse, les conditions anormales de l'organisme ne réussissent pas
à abolir la personnalité. Ils la diminuent seulement, et cela certainement bien plus dans la suggestion que dans les autres états
pathologiques. En ceux-ci on pourrait presque dire qu'au lieu de
la diminuer, ils l'altèrent et l'*accentuent*. En effet: dans le rêve,
se reflètent les caractères plus marqués de l'individu; et l'habitude, qui est la directrice de l'activité psychique, fait que la personnalité du rêveur se reproduit en entier comme dans un tableau, bien que un peu cachée et confuse au milieu des change-
ments de scènes les plus compliqués. — C'est pourquoi BOUILLIER
(dans la *Revue philosophique*, 1883, n. 2), admettait une forme
de responsabilité particulière, pour les crimes commis dans le
rêve. — On peut dire la même chose pour le somnambulisme et
pour l'ivresse. Personne n'ignore le vieux et vrai proverbe *in vino
veritas*, et toute l'école positiviste (V. FERRI, *Nuovi Orizzonti*, II
éd., chap. III; LOMBROSO, *L'omo delinquente*, II vol., 1889; GAROFALO,
Criminologia, II éd.; MARRO, *I caratteri dei delinquenti* et *Rivista
delle discipl. carcer.*, 1885, num. 10-11; ALBANO, *Ubbriachezza e
responsabilità nel progetto di Codice penale Zanardelli*, Torino
1888) est d'accord avec COLAJANNI, et retient que « les boissons
alcooliques rendent les sentiments de l'homme plus énergiques
et plus vifs, et diminuent seulement la réflexion calculatrice, qui
fait ordinairement que nous nous abstenions de commettre une
action pour différents motifs ». — *L'alcoolismo*, Catania, Tropea,
1887, pag. 125.

de son action, *la force morale d'inhibition,* qui nous est transmise en héritage, ou qui se développe en nous par l'éducation, et qui nous empêche de seconder toutes celles de nos tendances qui pourraient aboutir à des actes criminels ou simplement inconvenants (1) ».

On peut parler d'une manière analogue de la suggestion, en y ajoutant ce que disait Ribot « que, dans l'état hypnotique, le passage de l'idée à l'action est d'autant plus prompt, qu'il ne rencontre pas d'obstacles; rien n'a le pouvoir de l'arrêter, car l'idée suggérée règne seule dans la conscience endormie (2) ».

Il est donc plus facile dans la suggestion, que dans tout autre état pathologique, de faire commettre à l'individu des actions qui lui répugnent. Toutefois, cet individu, de même que dans le rêve, dans le somnambulisme, dans l'ivresse, révèlera toujours, — bien que plus faiblement, — sa personnalité.

Si l'on ne peut pas dire de la suggestion ce que l'on dit du somnambulisme spontané, du rêve et de l'ivresse — que l'homme reflète comme dans un miroir l'image de son individualité — on pourra dire, du moins, que l'homme indique à quelles actions il répugne naturellement et organiquement.

(1) Œuvr. cit., p. 127.
(2) RIBOT, *Les maladies de la volonté.* — Paris, Alcan, VI éd., p. 137.

III.

Il me semble que la conclusion, de ce que nous avons dit jusqu'ici, se présente d'elle-même évidente et spontanée. Si, dans la suggestion hypnotique, qui est la plus forte et la plus puissante de toutes les suggestions, on ne peut arriver à détruire complètement la personnalité humaine, mais seulement à la diminuer, — à plus forte raison cette personnalité survivra-t-elle dans la suggestion à l'état de veille, même quand cette suggestion atteint son plus haut degré, comme dans la foule.

Le crime commis par un individu dans la fureur de la foule, aura donc toujours une partie (si petite qu'elle soit) de ses causes, dans la constitution physiologique et psychologique de son auteur. Celui-ci en sera par conséquent, toujours légitimement responsable.

Celui qui est vraiment honnête, de même qu'il ne cède pas à l'ordre de l'hypnotiseur, ne pliera pas non plus devant ce tourbillon d'émotions où l'entraîne la multitude. « Quand la nature a bien fortement bâti cet organisme de l'esprit, dit Tommasi, nous serons secoués par les évènements, mais nous resterons debout (1) ».

(1) Cité par Virgilio, *Sulla natura morbosa del delitto*, pag. 9. Garofalo rapporte aussi les paroles de Tommasi, et ajoute pour généraliser et appuyer la conclusion à laquelle je suis venu : « Le crime n'est donc jamais l'effet *direct* et *immédiat* des circon-

Devrons-nous, pour cela, en conclure que ceux qui commettent quelque crime dans la fureur d'une foule sont indistinctement tous de vrais criminels?

Ce serait une grande erreur. Il y a souvent dans les foules des criminels-nés, mais nous ne pouvons pas dire que tous ceux qui commettent un crime dans la foule soient tels (1). Nous dirons seulement qu'ils sont des faibles.

Chacun reçoit de la nature un caractère déterminé, qui donne un cachet, une physionomie à sa conduite, et qui est l'impulsion intime — si je puis dire ainsi — selon laquelle l'homme agit dans la vie. Plus cette impulsion intime est forte, plus le caractère est so-

stances extérieures; *il appartient toujours à l'individu;* il est toujours la manifestation d'une nature dégénérée, quelles que soient les causes, anciennes ou récentes, de cette dégénération. En ce sens donc le *délinquant fortuit* n'existe pas ». — *Criminologia,* II éd. ital., p. 99. — Voir la note suivante.

(1) M. BENEDIKT, au Iᵉ congrès d'anthropologie criminelle (V. *Actes du congrès,* p. 140, 141), soutint que tous les criminels sont des *criminels-nés,* et il avait raison en ce sens: qu'il entre toujours, dans chaque crime, le facteur anthropologique (comme nous soutenons nous mêmes). Mais on a désormais l'habitude d'appeler *criminels-nés* seulement ceux, dans le crime desquels le facteur anthropologique représente *la plus grande partie et la plus importante* des causes. Les autres coupables se disent: d'habitude, d'occasion, par passion; et on ne veut pas par là exclure le facteur anthropologique, individuel; mais on veut indiquer seulement qu'il est secondaire dans l'éthiologie du crime. Tel est le sens que donna Enrico Ferri à sa classification des criminels; et, qu'on me permette de le dire, tous ceux qui l'ont critiquée — en premier lieu M. Benedikt, — ont prouvé qu'ils n'en comprenaient ni la signification ni le but.

lide et entier, et plus l'individu agira selon elle sans
subir d'influences extérieures; de même qu'un pro-
jectile est d'autant moins facilement dévié par les
obstacles qu'il rencontre sur son chemin, plus la vélocité initiale avec laquelle il fut lancé a été grande (1).

Malheureusement, les natures robustes, qui résis-
tent victorieusement à toutes les tentations, et qui
évitent tous les déraillements, sont bien rares. S'il
existe, comme disait Balzac, des *hommes-chênes* et
des *hommes-arbustes,* les seconds forment certainement la majorité. Pour la plus part, la vie n'est qu'un
tissu de transactions, car, n'ayant pas le pouvoir de
contraindre le milieu à s'adapter à eux, ils sont obli-
gés de s'adapter eux-mêmes au milieu.

Dans cette vaste classe de personnes faibles, — de
ceux que Benedikt appelait *nevrasthéniques,* qui n'op-
posent pas de résistance aux impulsions extérieures,
à ceux que Sergi (2) marquait du nom de *serviles,* qui
se soumettent à la volonté des autres par bassesse,
et se tournent, par intérêt, du côté où le vent est
favorable; — des êtres bons, mais timides et crédules,

(1) Cela est vrai, non-seulement pour l'homme honnête dans
le sens le plus absolu de la parole, mais aussi pour le délinquant
à tendance connaturelle. Et même, sous ce rapport, on peut établir une identité entre le vrai honnête homme et le délinquant-
né, parce qu'ils se trouvent tous deux égaux devant les influences
modificatrices du milieu social; car il n'y a, je crois, que de bien
rares circonstances, pour ne pas dire aucune, qui puissent contraindre l'un ou l'autre à dévier de son chemin.

(2) G. SERGI, *Le degenerazioni umane.* Milan, Dumolard, 1889.

qui acceptent n'importe quelle idée on leur impose,
aux individus qui changent par l'inconstance et l'ir-
ritabilité de leur tempérament, — les gradations
sont infinies.

La volonté — écrit M. Ribot, — a, comme l'intelligence, ses idiots et ses génies, avec toutes les nuan-
ces possibles d'un extrême à l'autre (1).

Mais, qu'elle soit plus ou moins méprisable, plus
ou moins profonde, la faiblesse de caractère a ce résultat infaillible en tous : de rendre l'individu docile
ou très-docile, selon les cas et les degrés, aux suggestions du milieu.

Ainsi que disait Ribot (2), à propos des affaiblis-
sements de la volonté, — que dans chaque acte accompli par qui a un principe d'*aboulie*, la partie du
caractère individuel est un *minimum*, tandis que la
partie des circonstances extérieures est un *maximum*, — de même nous pouvons affirmer par analogie que, dans les actions commises par tous ces
individus faibles, auxquels il manque une tendance
connaturelle et marquée à un genre de vie déterminé, la partie du caractère individuel est un *minimum*, et celle qui est laissée aux circonstances et aux
suggestions extérieures, est un *maximum*.

Mettez ces individus dans un milieu favorable, sous
l'influence de bonnes suggestions, et ils resteront honnêtes, au moins devant le code (3) ; mettez-les, au

(1) *Les maladies de la volonté*, iv édit., Paris, 1889, pag. 86.
(2) Ribot, ouvr. cit., pag. 86.
(3 « Ainsi qu'il y a le criminel d'occasion, de même il y a le
type invers de celui qui étant un délinquant *en puissance*, ne

contraire, dans un milieu défavorable, parmi de mal-
saines suggestions, et ils deviendront criminels par
occasion, ou par passion.

La faiblesse de leur caractère leur fait facilement
absorber tout ce qui les entoure : le mal comme le
bien ; les circonstances extérieures les tournent à un
genre de vie plutôt qu'à un autre (1).

se montre pas tel parce qu'il lui en manque l'occasion, ou parceque la richesse lui donne le moyen de satisfaire ses instincts,
sans blesser le code. J'en ai connu trois, que leur position sociale
a sauvés de la prison. L'un d'eux avouait : « Si je n'étais pas
riche, je volerais ». —

LOMBROSO, *Uomo delinquente*, édit. 1889, II vol., p. 432.

(1) Cette facilité de s'adapter au milieu, quel qu'il soit, bon ou
mauvais, se manifeste à un degré vraiment exceptionnel dans les
hystériques. Cette page de LAURENT vaut la peine d'être rapportée : « Mettez une hystérique dans un couvent, cette hystérique, fût-elle une débauchée, une fille de joie même, à peine
aura-t-elle respiré l'odeur de l'encens, que le changement sera
complet ; en quelques jours, elle aura quitté avec une facilité
surprenante les anciennes habitudes, elle aura pris les habitudes et les goûts de la maison ; elle aimera la prière comme elle
aimait la débauche ; en un mot, selon la parole d'un docteur de
l'Eglise, elle aura dépouillé la vieille femme. Et ce ne sera pas
une dévote ordinaire ; elle ne sera pas pieuse sans ostentation ;
elle priera avec éclat comme elle a péché avec scandale ; sa religion sera un mysticisme plein d'exaltation. Telles furent Marie
Magdeleine, Marie l'Egyptienne, et tant d'autres dont la légende
n'est pas parvenue jusqu'à nous. Prenez la même femme et pla-
cez-la dans un lupanar au milieu de drôlesses et de prostituées.
Nouvelle métamorphose. En moins d'une semaine, elle aura mis
un nouveau masque sur son visage. On dirait que les murs du
lupanar ont déteint sur elle, tant la transformation a été subite
et complète. En quelques jours elle aura pris le langage, les
goûts, les habitudes de la maison. J'ai connu à Troyes, il y a

Or donc, si cela arrive dans la vie calme, régulière, normale, qu'arrivera-t-il dans une foule, là où en un moment se concentre une force telle de suggestion qu'on n'en a jamais de pareille en aucun autre cas? N'est-il pas évident que tous ces individus céderont, et que commettront le crime ceux-là mêmes qui sont honnêtes mais faibles et qui auront peut-être demain un élan magnifique d'altruisme, pour une raison analogue à celle pour laquelle ils se laissent transporter aujourd'hui par un courant de haine (1)?

« Je me souviens d'avoir vu en 1870 — raconte M. Joly — une foule poursuivre la voiture d'un général auquel on voulait arracher à tout prix un cri politique. Il y avait dans la cohue un jeune homme que je connaissais bien, garçon enthousiaste, mais doux et rangé, laborieux et bon, parfaitement honnête. Tout à coup il se mit à réclamer un revolver pour tirer sur le général récalcitrant. S'il avait eu l'arme entre les mains, je ne sais trop ce qui serait arrivé (2) ».

Combien y en a-t-il qui se trouvent dans les mêmes conditions que ce jeune homme? Et combien,

quelques années, une espèce d'hystérique qui faisait l'édification de toute une communauté religieuse. Un beau jour, entraînée par sa sœur, elle émigra du couvent au lupanar de la ville. Comme elle avait été au couvent un modèle de piété et de vertu, elle fût une perle au lupanar, la plus débauchée, et par conséquent, la plus recherchée et la plus choyée ». — V. *Les suggestions criminelles.*

(1) Voir chap. i, p. 64.

(2) H. JOLY, *La France criminelle,* Paris, L. Cerf. 1889, pag. 406, nota 1.

hélas! ayant l'arme entre les mains, s'en servent!
Sont-ils pervers pour cela?

Non — répétons-nous; ce sont simplement des caractères faibles. Il y a en eux les sentiments de pitié et
de probité, mais superficiellement.

Les couches plus récentes du caractère, qui constituent la base physique de ces sentiments, n'ont pas pu
s'organiser et couvrir entièrement les anciennes couches, celles qui représentent le reliquat des généra-
tions les plus éloignées. Un accident quelconque, une
occasion qui trouble profondément ces individus, suffit
alors pour désorganiser leur caractère. Les couches
de celui-ci se mélangent sans aucun ordre, et les plus
basses, montant tout d'un coup à la surface, permettent des manifestations sauvages et cruelles (1).

Il arrive dans la foule *par révolution* ce qui arrive dans la vie ordinaire *par évolution*. La dés-
organisation du caractère qui commence d'abord
lentement par l'influence des mauvais exemples, ou
par les sollicitations d'un compagnon déjà perverti,
et qui, après vous avoir fait tomber une fois dans le
vice et vous avoir ouvert un chemin dans lequel on
ne peut plus s'arrêter, s'étend toujours plus jusqu'à
changer totalement un individu, jusqu'à détruire son

(1) V. à ce propos G. SERGI, *La stratificazione del carattere e
la delinquenza*, Milano, 1883. — Les couches nouvelles du caractère seront facilement étouffées par les anciennes, parce que
tout ce qui est dans l'organisme de plus récente formation dispa-
rait et se dissout avant que ce qui est de formation plus ancienne.
« Les fonctions nées les dernières, disait BIBOT (œuv. cit., p. 161),
sont les premières à dégénérer ».

caractère, — tout cela arrive dans la foule en très-
peu d'instants.

Plutôt que la dissolution graduelle et lente, qui fait
de l'homme encore honnête un criminel d'occasion, et
plus tard un criminel d'habitude, il y a, dans la foule,
la dissolution instantanée qui rend l'homme encore
honnête, un criminel par passion.

C'est ainsi, selon moi, qu'une grande partie des individus, qui se trouvent dans la foule, en arrivent
au crime.

Et s'il en est ainsi, quelle sera la réaction sociale
qui leur conviendra?

Avant de pouvoir répondre à cette demande, il nous
faut nous occuper d'un autre facteur des crimes de la
foule; le plus important au point de vue psychologique, je veux dire *le motif* pour lequel le crime a
été commis (1).

Au commencement du second chapitre, nous avons
déjà parlé brièvement de l'état d'esprit permanent de
la multitude, faisant observer que les injustices et les
douleurs qu'elle souffre constituent une prédisposition
lointaine et indéterminée qu'on ne doit pas négliger,
aux crimes que la foule peut commettre. Nous devons
ici étudier de plus près les raisons qui déterminent
les crimes collectifs.

Une foule ne se forme pas sans raison. Les individus ne se réunissent pas sans un but. Ce but cependant, s'il existe toujours, est toujours de peu

(1) Dans la 1e édition, j'avais négligé ce point; c'est M. Albano
(Voir *Archivio giuridico*, Vol. 47, fasc. 4-5) qui me fit justement
remarquer la nécessité d'en parler.

d'individus; la plus grande partie s'arrête autour du premier groupe par la force de suggestion.

N'avez-vous jamais essayé de vous arrêter en pleine rue, fixant une fenêtre, un point quelconque, ou de vous appuyer au parapet d'un pont pour regarder l'eau qui coule? En peu d'instants, un petit rassemblement se forme autour de vous, et vous entendez les nouveaux venus dire entre eux : — Le voilà! ..... où ? ..... là, au fond ..... il disparaît ..... —

La suggestion est si forte que parfois l'on croit voir un objet, qui n'existe pas (1).

Or, quand le but d'un rassemblement est important et sérieux, il arrive le même phénomène.

Une démonstration est toujours organisée par un nombre d'individus bien moindre que celui qui y prendra part effectivement. Dans ce cas, la suggestion imitative exerce son pouvoir, non seulement *directement*, — en ce sens qu'au premier groupe de démonstrateurs viendront s'unir par curiosité les fainéants des rues; mais aussi *médiatement*, — en ce sens que, ayant su par les journaux ou par d'autres moyens qu'une démonstration doit avoir lieu à tel jour et à telle heure, un grand nombre dira: — Je veux y aller voir! — et ils y vont réellement.

Dans toutes les foules, il y a donc bien peu d'individus qui connaissent vraiment le but; le plus grand nombre y va — comme ils disent eux-mêmes, *pour voir*.

C'est là la condition psychologique des premiers instants, quand la foule se forme; mais il ne faut pas

(1) Voir AUBRY, *La contagion du meurtre*, p. 12.

croire que cela dure ainsi. Peu-à-peu, à mesure que
la démonstration grossit et que l'on élève quelque
cri; ou, lorsqu'il s'agit d'un meeting, à mesure que
les discours des orateurs réchauffent l'auditoire, un
phénomène étrange se manifeste dans cet agrégat hétérogène qu'est la foule: l'hétérogénéité est rempla-
cée par une homogénéité presque absolue. Les plus
timides, voyant que la chose devient grave, s'en vont
s'ils le peuvent. Ceux qui restent s'élèvent tous, bon
gré, mal gré, au même diapason de commotion : le
motif, qui a réuni les quelques premiers individus,
est connu de tous, il pénètre dans l'esprit de chacun, et la foule n'est vraiment alors qu'une seule
âme.

Or, quels que soient les actes que commettront dans
la suite les membres de cette foule si compacte désormais, qu'on pourrait la dire cémenté par une idée
unique, — on comprendra facilement que, pour pouvoir mesurer la réaction sociale qu'il faut leur infliger, on doit avant tout tenir compte du motif pour
lequel ils ont agi. Si le peuple rassemblé à Paris, en
1750, devant le palais de police, pour protester contre la monstrueuse cruauté qu'on attribuait à Louis
XIV, avait tué quelque agent du gouvernement, —
n'aurait-il pas commis un homicide bien plus excu-
sable que tous ceux qu'une incompréhensible soif de
sang a fait commettre pendant la Révolution française? Agir contre une injustice ou une infamie, et
en arriver même au crime, est chose bien différente
que de voler ou de tuer pour un motif léger ou dans
un but immoral.

Donc : pour le crime collectif, comme pour le crime individuel, le motif qui fait commettre le crime est un des points les plus importants pour mesurer la responsabilité. Et cela d'autant plus, que le motif, — existant déjà en quelques-uns avant l'excitation de la foule, et se propageant peu-à-peu à tous, avant même que la suggestion ait atteint son plus haut degré, — est le sentiment que l'on peut avec plus de justice imputer à l'individu, et duquel il doit répondre presque entièrement.

Ce que nous disons ici pour les crimes imprévus de la foule doit s'appliquer, à plus forte raison, aux crimes de la multitude que l'on pourrait appeler prémédités.

Le peuple ne se rassemble pas toujours pour demander quelque chose ou pour protester contre quelqu'un; le crime n'est pas toujours déterminé instantanément par une provocation, ou par l'effet de la fermentation psychologique dont nous avons parlé plus haut. Il arrive parfois que quelques individus se réunissent dans l'idée bien arrêtée de faire naître un tumulte dans la foule et de commettre des crimes.

Le Comice des ouvriers sans travail à Rome le 1ᵉʳ mai 1891 nous a fourni un exemple de ce genre. Il n'y a pas de doute que quelques anarchistes se rendirent armés sur la place de Stᵉ Croix de Jérusalem, et dans l'intention de se servir de leurs armes. Un sergent de ville fut tué d'un coup de poignard dans les reins; et plusieurs personnes furent blessées. Il faut admettre certainement que l'influence du nombre, les discours très-violents qui furent prononcés, et toutes les autres circonstances qui augmentent l'intensité des émotions dans une foule, ont pu entraîner les coupables au delà de leur intention, et les pousser à des excès qu'ils n'auraient pas voulus, eux-mêmes; mais il est clair qu'en de pareils cas, la réaction sociale devra être beaucoup plus sévère que dans les autres, car il ne s'agit pas ici de crimes imprévus; la foule n'a pas *produit* le crime, elle a seulement offert l'occasion de le commettre (1).

Le même raisonnement pourrait se faire pour une forme de crime collectif inconnue heureusement en Europe, mais qui est très fréquente dans plusieurs parties d'Amérique: je veux parler de la loi de Lynch (2). Les *linciatori* savent, avant de commettre le crime,

(1) Il est entendu que ces conséquences juridiques ne seront appliquées qu'à ceux qui ont eu l'idée du crime avant le tumulte; quant aux autres, qui n'avaient pas de dessein arrêté, valent pour eux les considérations déjà faites par rapport au crime collectif *non prémedité*.

(2) On peut avoir une idée de l'augmentation des *linciaggi* dans les dernières années, en Amérique, par cette table. Je la prends de l'étude de M. Desjardins, *Le droit des gens et la loi de Lynch aux Etats-Unis*, (dans la *Revue des deux mondes*. 15 mai 1891):

Années	Exécutions régulières	Lynch
1884	103	219
1885	108	181
1886	83	133
1887	79	123
1888	87	144
1889	98	175

qu'ils vont le commettre; ils s'unissent même exprès
pour cela. Il importe donc peu si, dans la suite, par
le phénomène de psychologie collective que nous avons
si souvent fait remarquer, ils outrepassent leur intention : ils ont voulu et voulu avec calme la substance du crime qu'ils ont commis, sinon les détails.
Il ne pourra donc y avoir qu'une très faible excuse
en leur faveur.

Cependant, je le répète, même dans les cas où le
crime est prémédité, il ne faut pas oublier le motif.
La loi de Lynch (envers laquelle je n'ai pas toute
l'horreur que beaucoup affectent de ressentir, bien
que je sois le premier a reconnaître que c'est une
forme barbare de justice sommaire, sans aucune ga-
gantié (1)), le lynch, disais-je, peut être occasionné
par une explosion d'indignation pour un crime
atroce (2); en ce cas, bien que condamnable, il a beaucoup d'atténuantes. Il est justement défendu par les
lois, de nos jours, de se rendre justice de soi-même;
mais, en certains cas, la loi condamne et la conscience
absout. Un fils, qui tue celui qui a outragé sa mère,

(1) Quelques écrivains, comme HEPWORT DIXON (*Nouvelle Amérique*) et JAMES BRYCE (*The american Commonwealth*) ont ex-
pliqué et excusé la loi de Lynch, par les difficultés qu'il y a de
constituer des juridictions régulières, par le soupçon légitime de
la vénalité des juges, etc.

Voir à ce propos, outre Desjardins, PIERANTONI, *I fatti di Nuova
Orléans e il diritto internazionale*, Roma, 1891; et NOCITO, *La
legge di Lynch e il conflitto italo-americano* (dans la *Nuova
Antologia*, 15 mai et 1ᵉʳ juin 1891).

(2) DESJARDINS (étude déjà cit.) en rapporte un grand nombre
d'exemples.

est un homme que la loi peut punir, mais auquel tout le monde serre la main. Il est vrai qu'il n'y a pas d'excuse aussi forte, ni de provocation aussi directe pour la loi de lynch; mais, on ne peut nier que souvent le sentiment d'où partent les *linciatori* est hautement moral; il n'y a de barbare que la forme.

Viceversa, il y a des lynchs barbares dans le sentiment aussi bien que dans la forme (1); et la loi doit être sévère contre ceux-ci.

Mais laissons de côté ces formes de crimes collectifs prémedités, (qui mériteraient une longue étude, mais qui n'entrent pas dans notre thème), et retournons aux crimes soudains de la foule. Voyons quelle sera la peine ou mieux la réaction sociale pour réprimer ces crimes, n'oubliant pas de tenir compte avant tout, du motif pour lequel la foule les a commis.

L'école positiviste ne peut, je crois, donner ici une réponse décisive; encore bien moins, donner une formule qui vaille pour tous les cas.

Il peut y avoir dans la foule, ainsi que nous l'avons déjà vu, des criminels-nés et des criminels par occasion; peu importe qu'ils aient commis les mêmes crimes. La peine devra être donnée, selon nous, en la mesurant, non pas seulement selon la gravité objective du crime commis, mais aussi selon la *temibilità* de qui l'a commis; et l'on ne pourra mesurer cette *redoutabilité* que cas par cas.

Ajoutez à cela que, pour le crime collectif, il n'est pas toujours possible de prendre pour guide les quel-

(1) Voir cela aussi dans DESJARDINS.

ques règles générales que l'on peut fixer pour le crime individuel, suivant la manière dont le crime fut exécuté.

Le criminel isolé, par exemple, qui tue plusieurs personnes sans un motif apparent — *par brutale méchanceté*, selon la phrase classique — devrait *toujours* être puni du *maximum* de la peine, parce qu'on peut affirmer *a priori* qu'il s'est manifesté, par son crime, criminel-né ou fou.

Si l'on voulait établir le même principe pour le crime collectif, il serait parfois inexact.

Un homme peut commettre bien des homicides, dans une foule, sans être pour cela un criminel-né. L'ivresse morale dont il est victime peut l'entraîner à de tels excès; et ce n'est qu'après les avoir commis qu'il comprend — comme en sortant d'un rêve — à quelles énormités il s'est laissé aller. Il a le repentir sincère et le remords, inconnus au délinquant par tendance connaturelle.

M. Taine raconte que pendant la révolution de 1793 un tel, très honnête homme, tua cinq prêtres en une seule journée; et puis mourut lui même de remords et de honte (1).

Ainsi que la crise nerveuse, en laquelle tombe le suggestionné après avoir commis un crime imaginaire dans l'état hypnotique, est une preuve de sa

_____

(1) « — ....tel, commissionnaire du coin, très-honnête homme, mais entraîné, puis soûlé, puis affolé, tue cinq prêtres pour sa part, et en meurt au bout d'un mois, ne dormant plus, l'écume aux lèvres, et tremblant de tous ses memb^{res} — Œuvr. cit., vol. II, pag. 295.

répulsion organique contre l'action commise; de même ce remords et ce repentir après un crime réel prouvent que l'homme n'était pas entièrement méchant. La peine de mort serait une peine injuste pour lui (1).

On ne peut donc dicter abstraitement aucune règle absolue.

Il est nécessaire, ici plus qu'en aucun autre lieu, de s'en tenir au principe suprême de notre école, d'indiquer la forme et la mesure de la réaction selon le caractère particulier de chaque délinquant.

L'école positiviste voit, reconnait, examine patiemment les causes infinies des crimes d'une foule; — tout cela lui sert pour juger avec une plus grande compétence, — mais elle n'a pas la prétention de vouloir tirer de l'étude de ces causes une conclusion si exacte, qu'elle puisse valoir pour tous les cas (2).

Quant à l'état actuel, l'école classique étant encore en plein pouvoir, il est nécessaire de donner une règle générale.

(1) Quant il s'agit des crimes d'une foule, il faut avoir présentes les paroles de Holtzendorff : « Nous ne pouvons jamais dire, au point de vue moral, que dans telle circonstance un crime est plus grave qu'un autre ». — V. L'assassinio e la pena di morte, trad. par R. Garofalo, Naples, 1887, p. 173.

(2) Il faut aussi, dans les crimes d'une foule, tenir compte du sexe et de l'âge, car on sait que les femmes, les enfants, et même les jeunes gens sont plus dociles à la suggestion que les adultes. « L'enfance, écrit Rambosson (œuvr. cit., p. 247) c'est le métal en fusion qu'on verse dans le moule et qui prend toutes les formes.... Tous les tempéraments, qui se rapprochent de celui de l'enfant, tel que celui de la femme et du jeune homme, sont les plus propres à recevoir les impressions du dehors et à participer à toutes les contagions ». — Lauvergne (Les forçats, etc., p. 216) avaient défini les enfants: Eponges éducables, phrase très-exacte qu'on pourrait appliquer aussi en partie aux femmes.

« Cette règle, disais-je dans ma première édition, ne peut être que celle que M. Pugliese a proposé : établir que les crimes commis dans une foule doivent être toujours considérés comme accomplis par des individus demi-responsables ». — Je reconnaissais moi-même l'absurdité de cette excuse du vice partiel de l'esprit, à cause du manque de justesse de la formule adoptée (1). Et surtout parce que cette formule aurait servi non seulement au délinquant par occasion (pour lequel elle eût été juste dans ses effets) mais aussi au délinquant-né, pour qui elle eût été une injustice et une des nombreuses bonnes chances qui lui viennent de par la loi. Toutefois, je ne pouvais trouver une meilleure formule.

M. Garofalo, en s'occupant de mon ouvrage (2), a trouvé très-habilement le moyen d'accorder les idées de l'école positiviste avec les dispositions des Codes.

« Je crois, écrivait-il, que précisément dans la matière dont il s'agit, notre législation se prête d'une certaine manière *pratiquement,* à la distinction que M. Sighele voudrait faire (et que je n'admettrais qu'en

(1) On sait que la psychiatrie moderne a démontré fausse l'opinion de la vieille psychiatrie, qui croyait qu'un homme pouvait être plus ou moins fou, ou fou et sain d'esprit en même temps ; fou, par égard à certains sentiments ou à certaines idées ; sain, par égard à d'autres sentiments et à d'autres idées. Aujourd'hui, tous sont d'accord avec MAUDSLEY pour reconnaître que : *quand un individu est fou, il l'est jusqu'au bout des doigts.* — V. *Corpo e mente,* II leç., p. 45.

(2) Dans *La Tribuna giudiziaria* du 12 août 1891. — Voyez aussi, à ce propos, les observations très profondes de M. FIORETTI dans la *Scuola positiva,* 1891, N. 4, pag. 177.

certains cas) entre le criminel-né et le criminel par occasion, auteurs d'un crime identique commis dans une foule. En effet, si cette distinction est possible, pourquoi ne pas infliger la peine dans toute sa rigueur au criminel-né, tandis qu'on l'infligerait atténuée pour vice partiel d'esprit, ou pour d'autres excuses, au coupable par passion?

» Pourquoi M. Sighele aurait-il voulu faire déclarer demi-responsables ceux qui précipitèrent Watrin par la fenêtre, tandis qu'on a la preuve qu'ils étaient des criminels-nés ?

» Il est certain que la legislation actuelle ne connait pas les catégories des criminels suggérées par notre école. Mais en appliquant certains *atténuantes*, ou certaines *excuses*, bien que peu scientifiques, on arrive pratiquement (et les juges, magistrats ou jurés, y arrivent chaque jour), à traiter différemment les auteurs d'un même crime, selon le caractère particulier de chacun d'eux ».

Je ne puis qu'approuver ces paroles (1).

---

(1) Je n'ai qu'une seule observation à faire: c'est que la proposition de M. Garofalo rencontrera quelque difficulté. L'atténuante qui dérive du fait d'avoir commis le crime dans la fureur de la foule étant *générale*, le juge ne comprendra peut-être pas toujours la raison qui fait qu'il doit l'appliquer à l'un (criminel d'occasion) et non à l'autre (criminel-né). — Si un coquin et un honnête homme sont également provoqués, et répondent à la provocation par un même crime, — nous autres positivistes nous pourrons bien faire une différence dans la peine (car nous regardons au criminel et non au crime), mais certains juges qui regardent seulement au crime, croiront, pour faire hommage à la logique, ne devoir appliquer qu'une peine identique.

Contentons-nous donc, pour le moment, d'espérer que le bon sens des juges appliquera nos idées aux crimes de la foule. Ces idées pénétreront plus tard dans les codes. En attendant, avoir étudié le phénomène du crime collectif, veut dire avoir préparé le terrain pour les réformes législatives. Et le but et le devoir de l'écrivain — a dit Filangieri — est précisement de fournir les matériaux utiles à ceux qui gouvernent.

APPENDICE

Le despotisme de la majorité
et la psychologie collective.

J'espère que le lecteur (s'il a eu la patience d'arriver jusqu'ici) n'aura pas oublié la théorie de *l'imitation-suggestion* développée, sur les traces de Tarde, au premier chapitre de cet ouvrage. Je crois que cette théorie, appliquée qu'elle soit au droit constitutionnel, peut mettre plus au jour le principe de la suprématie des majorités, qui est aujourd'hui la base de notre vie politique.

C'est pourquoi j'ajoute en supplément ces brèves considérations, ne voulant toucher qu'à peine à un thème qui mériterait selon moi d'être traité amplement.

Contre le despotisme des majorités combattent bravement, bien que sous différents points de vue, deux bataillons de penseurs: l'un, plus nombreux peut-être et certainement plus actif, est celui des *individualistes;* — l'autre est celui que j'appellerai pour le moment des *aristocrates,* me réservant de mieux expliquer plus tard le sens de cette parole.

Les individualistes, qui descendent de Stuart Mill et de Spencer, ont, comme l'indique leur nom, ce seul

but, — tout-à-fait juste, et selon moi inattaquable:
— de faire valoir les droits de l'individu contre ceux
de l'État, qui prennent chaque jour une plus grande
extension. — « La fonction du libéralisme dans le
passé, écrit Spencer, a été de mettre une limite au
pouvoir des rois; la fonction du vrai libéralisme dans
l'avenir sera de limiter le pouvoir des parlements (1) ».

Avant lui, Stuart Mill avait dicté ces paroles, qui,
bien qu'elles se rapportent à autre chose, expriment
cependant une pensée analogue à celle de Spencer :
— « Quand toute l'espèce humaine, moins un seul
homme, aurait une même opinion, et ce seul homme
fût d'opinion contraire; l'humanité n'aurait pas plus
le droit d'imposer silence à cette personne, que cette
personne n'en aurait, si elle le pouvait, d'imposer silence à l'humanité (2) ».

Spencer et Stuart Mill veulent donc que l'on res-
pecte la minorité, en quoi il me semble que personne
ne peut contredire. On peut discuter sur la nature
des limites qu'on doit mettre au droit des plus; mais
qu'on doive lui en mettre, personne n'osera le nier.

Les deux auteurs que j'ai cités, et avec eux naturellement aussi leurs disciples, ne blessent en rien
le principe arithmétique qui soutient toute notre politique; ils admettent que le nombre doit être le seul
juge dans toutes les décisions qu'un État et, pour lui,
un Parlement, a le droit de prendre; seulement ils
voudraient diminuer autant que possible les fonctions

(1) H. SPENCER, *L'individu contre l'État*, ch. IV. *La grande su-
perstition politique*, p. 158.
(2) STUART MILL, *La liberté*, chap. I, p. 26.

attribuées à l'État, et par conséquent les décisions qu'il devra prendre, — afin de laisser plus de liberté et de facilité à l'individu.

Ceux que j'ai appelés aristocrates (et c'est de l'opinion de ceux-ci que nous devrons nous occuper) soutiennent au contraire que le despotisme de la majorité est absurde. En voici la raison : La majorité, disent-ils, n'est et ne peut être que vulgaire et intellectuellement médiocre; se laisser diriger par elle sera donc la même chose que de donner le sceptre à la médiocrité. La logique voudrait que les plus intelligents, qui sont en plus petit nombre, dirigeassent le monde; plutôt que de le laisser diriger par les moins intelligents, qui sont en plus grand nombre. C'est une sottise que la voix de 100 paysans ou de 100 ouvriers ait la même valeur que la voix de 100 hommes cultivés.

Ainsi que l'on voit, ceux-ci, suivant l'exemple de Carlyle, ont un féticisme pour le génie et un mépris dédaigneux pour le philistin (et voilà pourquoi je les ai appelés aristocrates), et ils refusent à celui-ci tout droit, attribuant au premier la prérogative de gouverner les hommes.

Stendhal disait: — « J'aime mieux faire ma cour à M. Guizot qu'à mon portier », — résumant d'une manière, piquante à son ordinaire, cet apparent paradoxe qui, mettant l'origine du pouvoir en bas, semble asservir l'intelligence au nombre (1).

Pour parler franchement, quand on réfléchit bien, sans idées politiques arrêtées, au suffrage universel,

(1) Voyez BOURGET, *Sensations d'Italie.*

on a envie de se demander: Mais pourquoi, pour quel motif caché un portier ou un gagne-petit ont ils une voix qui vaut autant que celle — supposons — de Herbert Spencer? Et, poussée à ces termes, la question ne peut, je crois, être résolue que d'une seule manière, c'est-à-dire: en admettant le manque de logique de la loi qui, contrairement à ce qui arrive par nature, — met au même niveau deux êtres inégaux.

Mais, quand on considère les choses un peu plus à fond, la première impression change, et de beaucoup.

En effet: est ce positivement vrai que, lorsque la majorité a le dessus, c'est toujours la manière de voir, l'opinion des individus médiocres d'intelligence, et forts seulement en nombre, qui a le dessus? Ou n'est-ce pas vrai plutôt que c'est l'idée qui a su attirer sur elle-même le plus grand nombre de suffrages; c'est-à-dire l'idée qui avait en elle-même la plus grande force d'attraction, et qui devait être née, par conséquent, dans la tête d'un homme supérieur?

Je ne sais pas si mes paroles réussissent à traduire exactement ma pensée, mais il me semble que, dès ce moment, on peut entrevoir où je tends; et quelle est la conséquence que l'on peut tirer de l'application de la psychologie-collective au droit constitutionnel.

———

Jetons un regard sur l'histoire.

Dans l'ancien temps, quand régnait la force matérielle, qui était le chef de la tribu ou du clan? était-ce un faible?

Plus tard, quand à la force matérielle on unit la force de l'intelligence; étaient ce des sots qui gouvernaient les peuples ?

Et était ce donc uniquement par la terreur ou par l'imposture que les hommes forts et énergiques regnaient sur les multitudes? — « Non, cette explication — écrit Tarde — est manifestement insuffisante. Ils ont regné par leur *prestige*. L'exemple du magnétiseur nous fait seul entendre le sens profond de ce mot. Le magnétiseur n'a pas besoin de mentir pour être cru aveuglement par le magnétisé; il n'a pas besoin de terroriser pour être passivement obéi. Il est prestigieux, cela dit tout. Cela signifie à mon avis, qu'il y a dans le magnétisé une certaine force potentielle de croyance et de désir immobilisée en souvenirs de tout genre, endormis mais non morts, que cette force aspire à s'actualiser comme l'eau de l'étang à s'écouler, et que seul, par suite de circonstances singulières, le magnétiseur est en mesure de lui ouvrir ce débouché nécessaire. Au degré près, tout prestige est pareil.... Combien de grands hommes, de Ramsès à Alexandre, d'Alexandre à Mahomet, de Mahomet à Napoléon, ont ainsi popolarisé l'âme de leur peuple! Combien de fois la fixation prolongée de ce point brillant, la gloire ou le génie d'un homme, a-t-elle fait tomber tout un peuple en catalepsie! (1) ».

Or donc, si l'on conçoit l'histoire de cette manière, et si l'on pense que ce que dit Tarde peut se géné-

(1) G. TARDE, *Qu'est-ce qu'une société?* dans la *Revue philosophique*, nov. 1884.

raliser et s'appliquer à tous les hommes, guerriers, penseurs, artistes, qui ont régné et qui régnent sur les multitudes, pouvons nous dire que la majorité a élevé elle-même spontanément ces hommes sur un piédestal de gloire? C'est ainsi que l'on dit; mais la vérité est que ces hommes se sont imposés à la majorité, qui les a suivis inconsciemment comme l'hypnotisé suit celui qui l'hypnotise.

Partant de ces exemples qui ne contemplent que quelques exceptions, demandons-nous si ce qui arrive pour les génies n'arrive pas aussi, plus ou moins, pour tous les hommes qui excellent en un point déterminé. Pour quelle raison la loi de suggestion perdrait elle ici tout pouvoir?

Vous comprenez bien qu'il n'y aurait aucune raison pour justifier cette singularité, et vous savez — par les faits qui se succèdent tous les jours — que la suggestion conserve un pouvoir incontesté sur toutes les formes de l'activité humaine.

Le régime du moyen-âge, qui admettait que celui qui avait le bras plus fort et le cœur plus hardi construisit son nid de faucon au haut de la montagne, tandis qu'autour de lui, les plus humbles rassemblaient leurs chaumières, et se soumettaient à son pouvoir, existe encore aujourd'hui, bien que les coutumes ne soient plus les mêmes. Aujourd'hui encore, celui qui a plus d'esprit, de courage, de savoir-faire et sait inspirer plus de confiance aux autres, celui-là s'élève au dessus de tous, et entraîne après lui la foule inconsciente.

Dans la religion et dans la science, dans la politique et dans les affaires, dans n'importe quelle manifestation de l'esprit humain, vous voyez se former
un groupe d'un certain nombre d'individus autour de
peu ou d'un seul. Ils constituent alors une église,
une école, une classe, un parti — et ils combattent,
comme des soldats en bataille, sous la suggestion d'un
capitaine, qui personnifie mieux que les autres un
sentiment, un intérêt, ou une idée.

Quand on dit donc d'une question quelconque que :
la majorité est de telle opinion, — on exprime un phénomène qui devrait être exprimé ainsi, pour parler
en toute vérité : *l'opinion* X *a suggestionné la majorité.* C'est-à-dire : l'opinion d'un individu déterminé,
aujourd'hui un orateur, demain peut être un journa-
liste, avait en elle-même tant d'efficacité qu'elle s'est
imposée à la multitude mieux et plus vite qu'une autre.

« N'avoir que des idées suggérées et les croire spon-
tanées, voilà, dit Tarde, l'illusion propre au somnambule et aussi bien à l'homme social (1) ».

Retournant à présent à la demande que nous nous
sommes posée plus haut, nous pouvons répondre aux
aristocrates, en disant : qu'ils se trompent, s'ils croient
que le despotisme de la majorité signifie le triomphe
de la vulgarité ; qu'il n'est pas vrai que le monde
soit dirigé par les moins intelligents qui sont en plus

(1) Loc. cit. — De cette idée fondamentale de Tarde convint
aussi récemment ARDIGÒ. — V. l'article : *Senso comune e suggestione* (dans la *Critica sociale,* année I, N. 16) commenté par
Filippo Turati.

grand nombre; mais que, au contraire, ce sont ceux
qui sont en plus petit nombre, c'est-à-dire les plus
intelligents, qui entraînent le public derrière eux, et
lui imposent leur volonté.

Le droit suprême de la majorité semble à l'observateur superficiel le triomphe du nombre, tandis qu'il
n'est au fond que l'hommage inconscient des hommes
médiocres aux hommes supérieurs (1).

———

Je prévois une objection toute naturelle.

Il n'est pas vrai, dira-t-on, que la majorité, s'incline tout-de-suite devant les hommes supérieurs, dans
la politique, dans l'art, dans la science. Les hommes
de talent restent presque toujours isolés pendant leur
vie, parce qu'ils doivent lutter contre le *misonéisme*
du public.

(1) STUART MILL écrit: — « Le gouvernement de la médiocrité
ne peut être qu'un gouvernement médiocre. Aucun État gouverné
par la démocratie, ou par une nombreuse aristocratie, n'a jamais
pu se soulever au dessus de la médiocrité, ni dans sa conduite
politique, ni dans ses opinions et dans ses coutumes, *sinon là
où le peuple souverain s'est laissé guider par les conseils et
par l'influence d'un ou de plusieurs hommes d'un talent supérieur, et plus instruits que la généralité* ». — Si l'on voulait
prendre ces paroles à la lettre, on pourrait dire que ce que
S. Mill considère comme une exception est la règle, car le peuple
*se laisse toujours guider par les hommes d'un talent supérieur
et plus instruits que la généralité.* — Si on interprète ces paroles selon l'esprit qui les dictait, nous sommes d'accord avec
S. Mill (et qui ne le serait?) parce qu'on doit nécessairement
admettre que quand celui qui guide un peuple est un homme de
génie, la vie de ce peuple est plus brillante qu'elle ne le serait
sous la direction d'un homme de talent simplement.

Cela est tout-à-fait vrai.

Mais que signifie tout cela?

Cela signifie-t-il que dans le monde les idées médiocres triomphent, justement parce que le plus grand
nombre, c'est-à-dire ceux qui commandent en apparence, sont des médiocres? L'histoire du monde entier
est là pour nous prouver que les idées utiles seules
ont survécu, autrement dit: elles ont été accueillies
par la majorité et ont été perpétuées. Mais n'admettez-vous pas vous mêmes que les idées, qui sont aujourd'hui le patrimoine exclusif de quelques penseurs,
seront acceptées demain par beaucoup, et plus tard
par tous? Mais n'admettez-vous pas vous mêmes que,
si une idée sortie du cerveau d'un homme ne s'in-
sinue pas dans toutes les têtes, cela signifie qu'elle
était digne de mourir à peine elle était née?

Ne convertissons pas un principe général en une
mesquine question de temps. Il y a la suggestion immédiate, — propre surtout des sentiments, — et il y
a la suggestion médiate, propre surtout des idées. Le
phénomène ne change pas, dans le second cas, parce
qu'il a lieu plus lentement.

Il faut regarder le monde d'un point de vue plus
élevé.

On verra alors que l'opinion de la multitude, qu'elle
soit formée instantanément ou peu à peu avec le
temps, dérive toujours de l'opinion d'un seul homme
ou de peu. On verra se propager la suggestion avec
la rapidité de la foudre, ou d'une manière lente et régulière, et on sera obligé de convenir que la volonté
de la majorité n'est jamais la somme des volontés de

ceux qui la composent (ce qui donnerait un résultat médiocre), mais bien le reflet et, pour ainsi dire, la reproduction inconsciente de la volonté d'un seul individu.

Si quelqu'un reprochait à la majorité la lenteur avec laquelle parfois le phénomène de la suggestion s'effectue en elle, il ne comprendrait pas, selon moi, combien est bienfaisante la loi, qui a donné à la majorité, plutôt qu'au petit nombre, le droit de faire prévaloir sa propre opinion.

Si l'on suivait la manière de voir des aristocrates, et si un Etat était gouverné despotiquement par quelques hommes supérieurs, il arriverait certainement que beaucoup de réformes utiles se feraient, avant que la majorité l'eût permis. Mais ce gain de temps se changerait souvent en une grande perte.

Le petit nombre initierait les réformes quand elles sont encore prématurées; et rien, comme on le comprend bien, ne causerait plus de dommage que cette précipitation. Au lieu de cela, si nous laissons qu'une idée fasse librement son chemin, et ne soit effectuée que quand elle a terminée son œuvre de suggestion sur la multitude, nous serons sûrs que cette idée ne sera appliquée que quand cette application sera opportune.

Le despotisme de la majorité, vu à la lumière de la psychologie collective, n'est donc pas, comme disent quelques observateurs superficiels, le règne du vulgaire. On ne le justifie pas non plus, comme voudraient d'autres, par le principe — trop arithmétique pour être vrai en sociologie — que le nombre est tout.

Puisque l'opinion du plus grand nombre n'est, au fond, que l'opinion des hommes supérieurs pénétrée lentement dans la multitude; le despotisme de la majorité se réduit *au despotisme des idées géniales, quand l'application en est opportune et mûre.*

LISTE ALPHABÉTIQUE

DES AUTEURS ET DES REVUES CITÉS DANS CE VOLUME

TABLE DES MATIÈRES

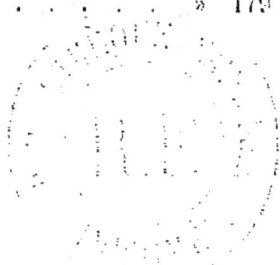

ERRATA.   CORRIGENDA.

Page 4, dernière ligne: conclusion, écrivait-il: *conclusion : Depuis les*
              Depuis les temps les   *temps les plus reculés. —*
              plus reculés,   *écrivait-il,*

»	9, ligne	8 — une épisode	— *un épisode*
»	21	» 16 — exacte	— *exact*
»	32	» 9 — per un seul	— *par un seul*
»	37	» 1 — mais la rende	— *mais la rend*
»	37	» 17 — ipothèse	— *hypothèse*
»	52	» 24 — empire morale	— *empire moral*
»	54	» 15 — cette acte	— *cet acte*
»	60	» 11 — attribus	—. *attributs*
»	62	» 2 — lontains	— *lointains*
»	63	» 23 — vagabonds et criminels	— *ragabonds et des criminels*
»	64, en note — cette ouvrage	— *cet ouvrage*
»	69, ligne 30 — leur paroles	— *leurs paroles*
»	75	» 3 — personnes que	— *personnes qui*
»	88	» 20 — ipocrite	— *hypocrite*
»	92, en note — une article	— *un article*

BIBLIOTHÈQUE DE PHILOSOPHIE CONTEMPORAINE
95 volumes in-18, brochés : 2 fr. 50 c.

H. Taine.
L'idéalisme anglais.
Philos. de l'art dans les Pays-Bas. 2e édit.
Philos. de l'art en Grèce. 2e éd.

Paul Janet.
Le Matérialisme cont. 5e éd.
Philos. de la Rév. franç. 4e éd.
St-Simon et le St-Simonisme.
Les origines du socialisme contemporain. 4e édit.
La philosophie de Lamennais.

Alaux.
Philosophie de M. Cousin.

Ad. Franck.
Philos. du droit pénal. 3e éd.
Rapports de la religion et de l'Etat. 2e édit.
Philosophie mystique au XVIIIe siècle.

E. Saisset.
L'âme et la vie.
Critique et histoire de la philosophie

Charles Lévêque.
Le Spiritualisme dans l'art.
La Science de l'invisible.

Auguste Laugel.
Les Problèmes de la nature.
Les Problèmes de la vie.
Les Problèmes de l'âme
L'Optique et les Arts.

Challemel-Lacour.
La Philos. individualiste.

Charles de Rémusat.
Philosophie religieuse.

Albert Lemoine.
Le Vital. et l'Anim. de Stahl.

Milsand.
L'Esthétique anglaise.

Beaussire.
Antécéd. de l'hégélianisme.

Bost.
Le Protestantisme libéral

Ed. Auber.
Philosophie de la Médecine.

Schœbel.
Philos. de la raison pure.

Ath. Coquerel fils.
La Conscience et la Foi.

Jules Levallois.
Déisme et Christianisme

Camille Selden.
La Musique en Allemagne.

Fontanès.
Le Christianisme moderne

Saigey.
La Physique moderne. 2e tir.

Mariano.
La Philos. contemp. en Italie.

E. Faivre.
De la variabilité des espèces.

J. Stuart Mill.
Auguste Comte 1e éd.
L'utilitarisme. 2e édit.

Ernest Bersot.
Libre philosophie.

W. de Fonvielle.
L'astronomie moderne.

E. Boutmy.
Philosophie de l'architecture en Grèce.

Herbert Spencer.
Classification des scienc. 4e éd.
L'individu contre l'Etat. 2e éd.

Ph. Gauckler.
Le Beau et son histoire

Bertauld.
L'ordre social et l'ordre moral.
Philosophie sociale.

Th. Ribot.
La psychol. de l'attention.
La Philos. de Schopen. 4e éd.
Les Mal. de la mémoire. 7e éd.
Les Mal. de la volonté. 7e éd.
Les Mal. de la personnalité 4e éd.

Hartmann (E. de).
La Religion de l'avenir 2e éd.
Le Darwinisme. 3e édition.

Schopenhauer.
Essai sur le libre arbitre. 5e éd.
Fond. de la morale. 4e éd.
Pensées et fragments. 10e éd.

L. Liard.
Logiciens angl. contem. 3e éd.
Définitions géométriques. 2e éd.

H. Marion.
Locke, sa vie et ses œuvres

O. Schmidt.
Les sciences naturelles et l'Inconscient.

Barthélemy-St Hilaire.
De la métaphysique.

Espinas.
Philos. expérim. en Italie.

Siciliani.
Psychogénie moderne.

Leopardi.
Opuscules et Pensées.

A. Lévy.
Morceaux choisis des philosophes allemands.

Roisel.
De la substance.

Zeller.
Christian Baur et l'Ecole de Tubingue.

Stricker.
Le langage et la musique.

Ad. Coste.
Conditions sociales du bonheur et de la force. 3e éd.

A. Binet.
La psychol. du raisonnement.

Gilbert Ballet.
Le langage intérieur. 2e éd.

Mosso.
La peur.

G. Tarde.
La criminalité comparée 2e éd.

Paulhan.
Les phénomènes affectifs.

Ch. Féré.
Dégénérescence et criminal.
Sensation et mouvement.

Ch. Richet.
Psychologie générale. 2e édit.

J. Delbœuf.
La matière brute et la matière vivante.

Vianna de Lima.
L'homme selon le transformisme.

L. Arréat.
La morale dans le drame. 2e éd.

A. Bertrand.
La psychologie de l'effort.

Guyau.
La genèse de l'idée de temps.

Lombroso.
L'anthropologie criminelle. 2e éd.
Nouvelles recherches de psychiatrie et d'anthropologie criminelles.
Les applications de l'anthropologie criminelle.

Tissié.
Les rêves (physiol. et path.).

B. Conta.
Fondements de la métaphys.

J. Lubbock.
Le bonheur de vivre. (2 vol.)

I. Maus.
La justice pénale.

E. de Roberty.
L'Inconnaissable.
Agnosticisme.

R. Thamin.
Education et positivisme.

Sighele.
La foule criminelle.

Coulommiers. — Imp. Paul BRODARD.

www.ingramcontent.com/pod-product-compliance
Lightning Source LLC
Chambersburg PA
CBHW072221270326
41930CB00010B/1947